KB179460

세상에서 가장 쉬운 주식투자 실전

세상에서 가장 쉬운

주식투자 실전

하루 5분 이내에 거래를 끝내는 투자법

정주업(J.Jung) 지음 | **오시연** 옮김

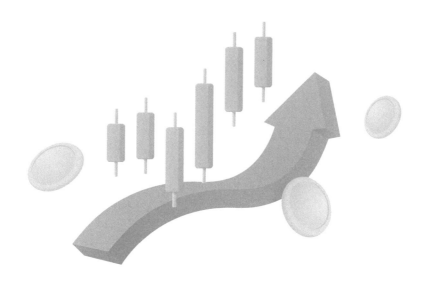

지 Jisangsa
상사

SEKAIICHI YASASHII KABU NO RENSHUCHO 1-NENSEI by J. Jung
Copyright © J. Jung 2017
All rights reserved.
First published in Japan by Sotechsha Co., Ltd., Tokyo
This Korean language edition is published by arrangement with Sotechsha Co., Ltd.,
Tokyo in care of Tuttle-Mori Agency, Inc., Tokyo through Enters Korea Co., Ltd., Seoul.

들어가며

"주식투자의 책에서 설명한 이론들을 실전에 써먹을 수 있게 연습하고 싶습니다."

주식투자에 관한 책을 출판해서 일본의 투자자들에게 투자의 본질을 알리는 데 조금은 도움이 되었다고 생각하던 중, 이런 요청이 들어오기 시작했다.

아니, 사실은 나의 첫 번째 책인 《하루 5분 주식 첫걸음(世界一やさしい株の教科書1年生)》을 출판했을 때부터 계속 요청받은 내용이었다. 그 말들은 줄곧 마음 한구석에 똬리를 틀고 '마음의 빚'처럼 얹혀 있었다. 그리고 마침내 그 요청에 부응하는 책이 완성되었다.

① 실전에 중점을 두었기에 실력이 생긴다

이 책은 내가 설명한 이론을 실제 투자에서 어떻게 활용할 것인지 실전에 초점을 맞추어 기획했다. 전작도 충분히 실용적인 책이라고 평가받았지만, **이론 부분은 전작에 맡기고 이 책에서는 실제 차트와 기업의 펀더멘탈 지표를 다루어 실전에 응용할 때 어떤 점이 더 중요하고 깊이 파고들어야 하는지를**

자세히 다루었다.

② 이 책의 구성과 사용법

이 책은 **17가지 법칙**으로 구성되어 있으며 《하루 5분 주식 첫걸음》과 같은 흐름으로 진행된다.

'**매수 시점(When)을 학습한다 ⇒ 매도 시점(When)을 학습한다 ⇒ 종목 선택(What)을 학습한다**'라는 생각의 흐름에 따라 문제를 풀면서 실전 감각을 익힐 수 있게 했다. 그리고 마지막으로 모든 법칙을 망라하는 문제를 풀어서 여러분의 실력을 시험한다. 개별 법칙도 그렇지만 특히 마지막 종합문제의 경우에는 답의 설명을 먼저 읽지 말고 스스로 도전해보자. 이런 식으로 책을 끝까지 읽으면 여러분은 전과 다른 사람이 될 것이다.

각 법칙은 **①기본이론 참조, ②기본이론의 요약, ③실전 문제와 해설**, 이렇게 세 부분으로 구성되어 있다.

① **기본이론 참조** - 그 법칙이 《하루 5분 주식 첫걸음》의 어느 부분과 관련이 있는지를 보여준다. 참조 부분을 명확히 함으로써 복습을 하거나 해설을 읽을 때 빠르게 접근할 수 있도록 했다.

② **기본이론 요약** - 교과서의 내용을 간략하게 정리했다. 간략하지만 중요한 점들은 잘 정리되어 있으므로 자신 있는 사람도 꼼꼼히 살펴보기 바란다.

③ **실전 문제와 해설** - 이 책의 중심 부분이다. 실제 차트와 투자 지표 등

펀더멘탈 정보를 제시하여 투자 전략을 세울 때 도움이 되는 질문을 던진다. 반드시 문제를 읽고 머릿속으로 생각해보고 직접 풀어본 뒤 해설을 읽도록 하자.

또 각 문제에는 난이도가 나와 있다. 난이도 '상'인 문제를 맞았다면 자신을 마음껏 칭찬해주자. 그 문제를 못 푼다고 해서 낙심할 필요는 없다. 여러 번 풀다 보면 어느새 술술 풀게 될 것이다. 사실, 이 책에 수록된 문제는 대부분 내가 주최한 강연과 워크숍에서 수강생들이 도전하고 효과가 입증된 것들을 엄선한 문제들이다.

자신과 같은 고민을 하고 문제에 도전하고 성장하는 과정을 동영상으로 볼 수 있는 것도 이 책의 숨겨진 매력이라 할 수 있다.

같은 생각을 하는 사람들의 성장 과정을 통해 나는 혼자가 아니라는 것을 느낄 수 있을 것이다. **'알 수 있다. 할 수 있다. 모두와 함께'**가 이 책의 키워드다.

'이제 알았어!'라고 외칠 여러분을 만날 수 있기를 기대한다.

정주업(J. Jung)

차례

3교시 종목 선택과 관리의 달인이 되는 3가지 법칙

4교시 진정한 달인이 되기 위해 매매 프로세스를 루틴화한다

추세와 매수의 달인이 되는 10가지 법칙

'매수'를 숙지하면 주식 거래가
재미있어져! 일단 매수 전략을
확실하게 마스터하자!

01 그랜빌의 법칙을 마스터한다

❶ 주가 위치에 따라 전략을 바꾸는 것을 배운다

① 상승 1국면

상승 폭이 작으므로 매매 단위를 작게 한다

75일 이동평균선이 횡보하거나 약간 상승할 때 일부 주식투자의 고수들이 시험 삼아 매수하는 추세 초기 국면이다(다음 항 그림 ❶ 참조). 시장 참여자가 적으므로 **'이익을 확정하는 시기가 빠르고 폭이 작은'** 것이 특징이다.

'너무 큰 이익을 기대하지 말고 매매 단위를 작게 가져가는 것'이 기본 전략이다. 파동이 작고 시장 참여자도 적은 상태에서 상승 2국면이나 상승 3

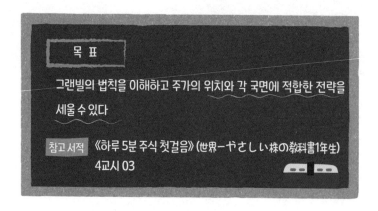

목 표

그랜빌의 법칙을 이해하고 주가의 위치와 각 국면에 적합한 전략을 세울 수 있다

참고 서적 《하루 5분 주식 첫걸음》(世界一やさしい株の教科書1年生)
4교시 03

국면과 같은 금액으로 매매하는 전략이 아니라 '**소소하게 이익을 쌓아가면서 저점과 상승 추세의 시작을 확인하는**' 것에 중점을 둔다.

❷ 상승 2국면

느긋하게 가장 큰 수익을 노린다

주가가 재차 75일 이동평균선을 돌파하면 상승 추세임을 알아차리는 개인투자자가 늘어난다(그림 ❷ 참조). 상승 1국면에서 확보한 이익으로 매수 금액을 늘린다. 이 시기에는 주가가 75일 이동평균선에서 멀어져가면서 천천히 완만하게 상승하는 것이 특징이다.

'**매매 단위가 커지고 거래에 참여하는 사람이 늘어나므로 상승 1국면보다 매매 금액을 늘리는**' 전략을 취한다. '**이익을 확정할 때 기술적 지표를 활용하기 시작하는 국면**'이기도 하다.

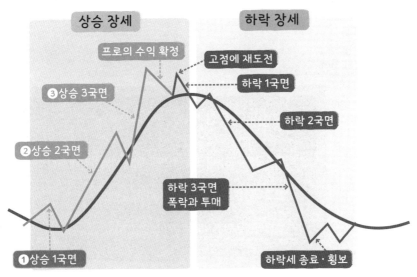

● 그랜빌의 법칙과 주가 사이클

상승 장세　　　　하락 장세

프로의 수익 확정

고점에 재도전

하락 1국면

❸상승 3국면

하락 2국면

❷상승 2국면

하락 3국면
폭락과 투매

❶상승 1국면

하락세 종료 · 횡보

상승 3국면

단기간에 큰 이익을 얻을 기회

상승 2국면까지 순조롭게 성과가 났으므로 언론매체에서 화제가 되며 잡지와 인터넷, 증권사의 추천 종목으로 언급되면서 주식 거래에 참여하는 사람들이 순식간에 늘어난다. 주가가 급등해서 과열되면 그 분위기에 끌려서 수많은 개인투자자가 상투를 잡는 경험을 하는 국면이기도 하다(그림 ❸ 참조).

매매 전략은 시세가 과열권에 들어갔고 극심한 변동 폭을 보일 수 있다는 두 가지에 집중한다. (1) **매매 단위를 상승 2국면과 비슷하거나 좀 적게 잡아서 리스크를 낮추고** (2) **주가의 흐름이 갑자기 반전하면 수익을 확정하고 상승 추세가 끝났음을 확인하는** 것이 포인트다.

그러면 차트를 보면서 문제를 풀어보자.

문제 1-1

다음은 주가가 바닥을 찍고 큰 폭으로 상승한 야마다전기의 차트이다.

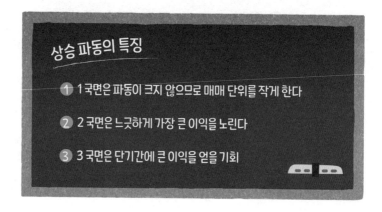

상승 파동의 특징

❶ 1국면은 파동이 크지 않으므로 매매 단위를 작게 한다

❷ 2국면은 느긋하게 가장 큰 이익을 노린다

❸ 3국면은 단기간에 큰 이익을 얻을 기회

현재 주가의 위치는 그랜빌의 법칙에서 말하는 상승 몇 국면에 해당할까?

먼저 차트상에서 주가의 각 국면을 그려보자. 그리고 앞으로 어떤 움직임을 보일지 생각해보자.

해답란

❶ 상승 (   )국면

❷ 앞으로 주가의 움직임은?

● **문제** 다음은 '그랜빌의 법칙'에서의 상승 몇 국면에 해당하는가?
(9831 : 야마다전기)

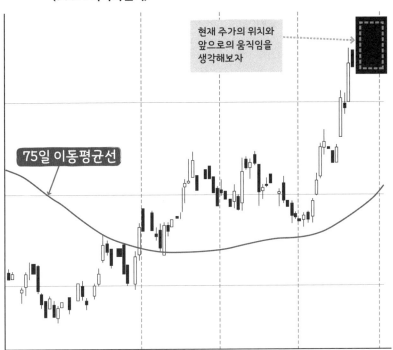

현재 주가의 위치와 앞으로의 움직임을 생각해보자

75일 이동평균선

정답은 '상승 2국면'

75일선이 하락세를 보이며 내려온 주가는 어느 시점이 되면 하락세를 멈추고 상승 1국면에 돌입한다. 그러나 아직 추세가 생긴 것은 아니므로 투자자도 확신을 갖지 못하는 상태다.

확신이 없는 투자자의 심리를 반영하여 이 사례에서는 상승 1국면의 패턴이 2번 나타난다. 이렇게 **'추세를 타기 전에는 상승 1국면 패턴이 여러 번 나타나는'** 일이 종종 있다. **'상승 1국면이 몇 번 나타나는가'**가 중요한 포인트가 되므로 잘 기억해 두자.

1국면이 마무리되고 나면 참여자가 늘어나고 매매 단위가 커지므로 파동이 커지면서 천천히 크게 상승한다. 이러한 **'상승 2국면도 한 번으로 끝나는**

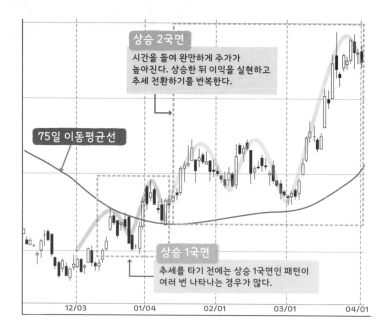

● 답 맞추기 상승 2국면이라고 판단하는 이유 (9831 : 야마다전기)

상승 2국면
시간을 들여 완만하게 주가가
높아진다. 상승한 뒤 이익을 실현하고
추세 전환하기를 반복한다.

75일 이동평균선

상승 1국면
추세를 타기 전에는 상승 1국면인 패턴이
여러 번 나타나는 경우가 많다.

12/03   01/04   02/01   03/01   04/01

것이 아니라 상승하고 나서 이익을 실현하고 추세 전환하여 다시 상승하기를 반복한다.' 예시에 나온 차트도 상승 1국면이 2회 정도 발생한 뒤, 상승 2국면에서 파동을 3번 만들어나가면서 상승하고 있다.

그 뒤의 움직임은 상승 3국면

상승 2국면이 끝난 후의 움직임을 생각해보자. 상승 2국면까지 올린 실적을 바탕으로 참여자가 한꺼번에 늘어난다. 너무 급격하게 늘어나기 때문에 주가는 단숨에 상승하고 시장이 과열된다. 상승 2국면의 움직임과는 확연히 다른 급경사를 그리는 차트가 나타난다. 이것이 상승 3국면에 해당한다. 상승 2국면이 3개의 파도를 그리면서 끝난 후 큰 폭으로 상승하여 약 7영업일 만에 이전 상승폭까지 올라섰다.

이것은 13영업일 정도 걸린 지난번 움직임과 비교하면 거의 두 배 빠른 속도이며 시장은 분명히 과열 양상을 보이고 있다. 천장 부근에서는 비슷한 정도의 고점을 두 번 만든 뒤 서서히 내려가기 시작한다.

상승 3국면과 이후의 움직임을 포함한 각 국면의 투자 전략에 대해 문제 1-2 에서 생각해보자.

● **검증** **그랜빌의 법칙 상승 2국면을 지난 뒤의 움직임 (9831 : 야마다전기)**

7일간

13일간

상승 2국면의 상승 3국면

3번째 파동

상승 2국면이 종료된 뒤 가파르게 올라가면서 상승 3국면에 돌입한다

75일 이동평균선

03/01　　04/01　　05/01

상

다음은 야마다전기의 차트다. 상승 1국면이 나타나기 전부터 상승 3국면 이후의 움직임을 보여 준 것이다. 좀 쉬운 편이지만 문제1-1 의 해답을 참고로 주가의 움직임을 큰 파도라고 생각하고 차트 위에 그려보자. 그 뒤 각 파도의 움직임이 어느 국면에 해당하는지, 또 상승 국면별로 적합한 투자 전략을 생각해보자. 이 문제는 난도가 높은 편이니 집중해서 풀어보자.

해답란

❶ 하락 추세에서 상승 추세인 국면별로, 다시 하락장세에 들어가는 움직임을 차트에 표시해보자.

❷ 각 상승 국면에 적합한 투자 전략은 무엇인가?

● 문제 그랜빌의 법칙을 적용할 수 있는 모든 사이클을 생각하라 (9831 : 야마다전기)

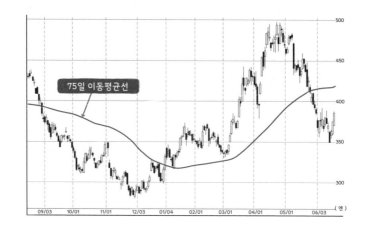

1-2 해설

하락 장세와 상승 장세의 끝을 구별할 수 있느냐가 포인트

'답 맞추기' 차트상에 선을 겹쳐 그리면 가독성을 방해해서 생략했지만, 원래는 다음의 검증 그림과 같이 선을 그려 넣어야 한다. 그럼 내용을 살펴 보자.

A 저점이 여러 번 낮아지는 움직임과 하락세가 멈추는 움직임까지의 구 간을 '**하락 장세**'라고 하고 **B** 상승 1국면부터 고점에 재도전했다가 실패하 는 구간을 '**상승 장세**'라고 한다. 그리고 **C** 하락 1국면에 접어들면서 다시 '**하락 장세**'가 시작한다.

사실 어디까지가 상승 장세이고 어디까지가 하락 장세인지에 대해서는 저마다 의견이 다르다. 예를 들어 고점에 재도전하는 지점에서는 이미 주가 가 하락하기 시작했기 때문에 여기서부터 하락 장세의 시작으로 봐야 한다

● **답 맞추기** 그랜빌의 법칙을 적용한 모든 사이클 (9831 : 야마다전기)

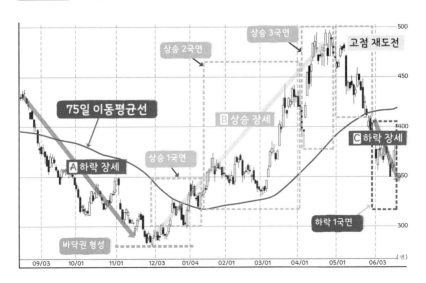

는 의견도 있다. 하지만 여기서 가장 중요한 것은 하락 장세와 상승 장세의 끝을 구별할 수 있다는 것이다.

'시작에 대한 엄밀한 정의보다는 현재 주가가 상승 장세에 있는지, 상승 장세는 끝났는데 혼자 열심히 시세를 올리려고 버둥거리는 것인지 인식하는 것이 중요'하다.

❷ '상승 국면별 시간과 투자자금에 대한 생각'을 배운다

주가 사이클을 이해할 수 있게 되었으니, 이제 상승 국면별 투자 전략을 정리해 보자.

상승 1국면 의 투자 전략!

추세의 시작이기 때문에 빠르게 이익을 확정한다. 변동 폭이 작으므로 큰 이익을 기대하지 않는다는 점을 염두에 두고 매매 단위를 작게 한다. '작게' 라고 하면 감이 잘 오지 않을 수 있으니 구체적인 수치로 나타나자면 **전체 투자자금을 10이라고 할 때 1에서 2 정도**'를 여기에 배분한다.

상승 국면별 자금 배분 방법

① 상승 1국면 : 전체 자금의 10~20%를 매수한다.

② 상승 2국면 : 전체 자금의 40~50%를 매수한다.

③ 상승 3국면 : 전체 자금의 30~40%를 매수한다.

상승 2국면 의 투자 전략!

천천히 크게 상승하기 때문에 1국면보다 자금을 크게 투자하는 것이 중요하다. 중간에 조정받는 파도가 두세 번 나타나는 것이 일반적이기 때문에 **'투자자금의 4~5를 조정이 올 때마다 나누어 투자'**한다.

상승 3국면 의 투자 전략!

마지막 파도이므로 단기 승부를 염두에 두고 거래해야 한다. 단기간에 큰 이익을 노리기 때문에 큰 이익을 내기에 적합한 국면이지만 **'수익이 줄어드는 것을 우려하는 투자자들의 매도세가 나오고 추세 반전도 빠르므로 무모하게 큰 투자자금을 넣지 말고 3~4 정도 투자하는'** 것이 현명하다.

● 검증 그랜빌의 법칙을 적용한 투자 전략을 검증한다 (9831 : 야마다전기)

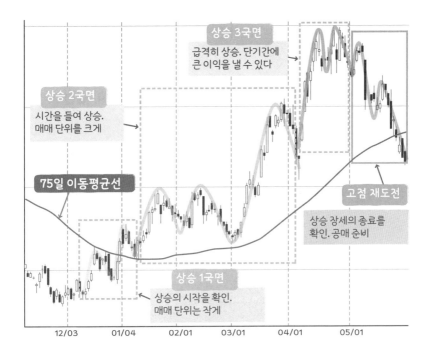

02 모든 출발점은 상승 1국면 매수

❶ '1국면 매수를 고려해도 되는 종목'을 선별한다

❶ 2~3개월 이상 지속적으로 주가가 내려갔는가?

천장을 지나 75일 이동평균선을 한 차례 하향 돌파한 뒤 한 달 동안 계속 떨어진 정도로는 아직 충분히 주가가 낮아졌다고 판단할 수 없다. 여기까지 내려왔으니 충분히 내렸다고 생각하고 신규 매수세가 들어와 반등할 할 수도 있지만, 많은 경우 그것은 또 다른 급락의 시작에 불과했다는 것을 뒤늦게 깨닫는다.

'2차, 3차 하락 추세를 소화하려면 보통 2~3개월 이상이 걸린다.' 차트를

> **목 표**
>
> 큰 추세를 파악하는 데 기초가 되는
> 1차 매수 시점을 파악한다
>
> **참고 서적** 《하루 5분 주식 첫걸음》 (世界一やさしい株の教科書1年生)
> 4교시03

보면 많이 내려갔으니 '지금이다!'라고 안이한 마음으로 매수하지 말고 먼저 **'3개월 이상 계속 내려왔는지'**부터 꼼꼼히 확인하자.

❷ 3회 이상 저점을 낮춰갔는가(3단 하락 완성)

차트의 큰 흐름상 이전의 최저점(전저점)보다 이번 최저점의 주가가 더 낮아진 것을 **저점 갱신**이라고 한다. 3단 하락의 완성은 **저점 갱신이 3번 이상 나타났다**는 뜻이다. 즉 그랜빌의 원칙에서 말하는 하락 3국면을 확인할 수 있다. 3단 하락이 완료됨에 따라 하락 장세가 끝났을 가능성이 크다고 예측한다. 하지만 이것만으로는 여전히 부족하다. 다음 사항을 꼭 함께 확인해야 한다.

● **바닥권 확인과 매매 포인트**

❸ 주가가 최근 들어 75일 이동평균선에 가까워지는가?

세 번째 하락까지는 크게 내리찍으며 하락세를 이어오다가 저점 갱신이 멈추고 75일선보다 훨씬 아래쪽에 있었던 주가가 75일 이동평균선에 가까워진다. 그리고 저점을 높여가기 시작한다(앞의 차트 저점 ④~⑤). 하락 장세가 종료되고 상승 장세로 바뀔 때는 이처럼 **'저점이 높아지기 시작 = 주가가 75일 이동평균선에 가까워짐'**을 확인하는 것이 중요하다.

이 **세 가지 조건을 모두 충족하면 매수해도 된다**고 판단할 수 있다.

그러면 차트를 보면서 문제를 풀어보자.

중

문제 2-1

다음은 8월 1일 고점을 찍고 주가가 내려온 후지쓰의 차트다. 현재 캔들이 가장 오른쪽에 있는 캔들이라고 할 때, 이 종목은 1국면 매수를 해도 될까? 매수해도 될지 판단하기 위해 그 근거를 차례로 생각해 보자.

상승 1국면에서 매수해도 좋은 조건

① 2~3개월 이상 지속적으로 주가가 내려갔는가?

② 3회 이상 저점을 갱신(3단 하락 완성)했는가?

③ 주가가 최근 75일 이동평균선에 가까워졌는가?

해답란에는 '상승 1국면 매수를 해도 되는 조건 ❶ ❷❸' 세 가지가 나오므로 각각 검증해 보자. 3가지 조건을 모두 충족하는 것이 상승 1국면 매수의 조건이다.

해답란

❶ 2~3개월 이상 지속적으로 주가가 내려갔는가?

---

❷ 3회 이상 저점을 갱신(3단 하락 완료)했는가?

---

❸ 주가가 최근 75일 이동평균선에 가까워졌는가?

★ 이 종목은 1국면 매수를 해도 좋은가?

● **문제** 오늘 밤, 상승 1국면 매수 주문을 넣어도 될까? (6702 : 후지쓰)

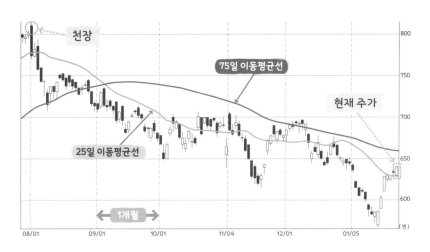

정답은 '사도 된다'

우선 하락 기간을 살펴보자. 8월 1일에 천장을 찍고 하락 장세로 돌아서 **'75일 이동평균선을 깨고 내려가 4개월 이상 계속 하락했으므로'** 조건 ❶을 충족한다.

다음으로 저점 갱신 횟수를 보겠다. 최근 5개월간 주요 저점은 전저점을 갱신하며 더욱 낮아졌다. **'4회 전저점을 갱신했으므로'** 조건 ❷의 3단 하락 이라는 조건도 충족한다.

마지막으로 **'1월 중순에 바닥을 찍고 75일선에 가까워지고 있다'**는 조건 ❸도 들어맞는다. 문제의 차트는 3가지 조건을 모두 충족한다.

따라서 답은 **'매수해도 된다'**이다.

다만 여기서 주의해야 할 점이 있다. **'75일선에 가까워지고 있는 가운데**

● **답 맞추기** 매수 주문을 넣어도 되는 이유 (7802 : 후지쓰)

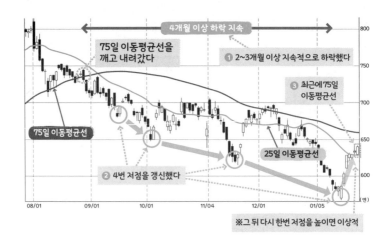

저점이 높아진 것을 아직 볼 수 없다'는 것이다. 5회의 저점 갱신 후 75일선에 가까워지면서 한 번이라도 저점이 높아지는 모양이 이상적이다. 이 경우 **75일선에 도달해 한 번 상향 돌파해도 아직 추세가 충분히 생기지 않았기 때문에 로스컷(손절매)이 될 확률이 크다**는 것도 기억해야 한다. 차트에서 매수해도 되는 포인트 ❶❷❸을 다시 한번 확인하자.

그 후에는 큰 추세를 형성

그러면 이후의 움직임과 매매 포인트에 대해 생각해보자. 75일 이동평균선에 근접한 것으로 확인된 오늘 밤(아래 그림: 주식을 살까 생각했을 때의 오늘 주가) 75일선을 넘는 가격으로 매수 주문을 했다. 하지만 다음 날 75일선 근처까지 갔다가 며칠 동안 내려가서 주문이 체결되지 않았다.

● **검증** 검증 매수 주문이 체결된 후의 주가 변동 (6702 : 후지쓰)

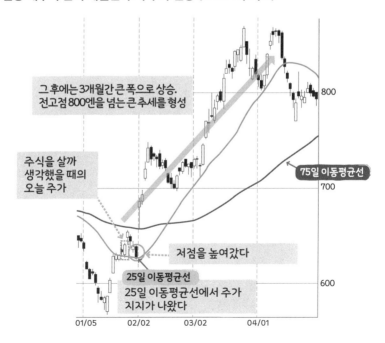

그러나 주가는 25일 이동평균선 지지를 받으면서 추세 전환하여 75일 이동평균선을 상향 돌파했다. 이로써 75일 이동평균선을 넘는 조건으로 설정한 매수 주문이 체결되었다.

여기서 한 가지 더 확인해야 할 점이 있다. 이것으로 처음으로 '**저점이 올라가는 것이 성립했다**'라고 한다. **주가가 전저점을 갱신하면서 하락하는 과정이 이어졌다가 저점이 높아지면 주가가 바닥을 찍고 상승 추세로 전환했을 가능성이 큰 것이다.**

앞의 차트에서 결과를 확인하면 이후에는 3개월 동안 상승 추세를 타면서 전고점인 800엔을 넘어서는 큰 상승 추세를 형성했다.

그리고 천장을 만들고 나서는 고점에 재도전했다가 다시 하락하는 교과서대로의 주가 사이클을 반복하고 있다.

문제 2-2

다음은 4월 17일에 천장을 만들고 주가가 내려온 캐논의 차트다. 75일 이동평균선이 한 차례 무너진 6월 중순부터 두 달 정도 지난 오

중

상승 1국면에서 매수해도 되는 조건을 결정하는 요인

주가가 저점을 갱신한 뒤
저점을 높여가면서 상승하면
주가가 하락세를 멈추고 상승 추세로
돌아섰을 가능성이 크다!

늘(8월 18일) 주가는 75일선에 근접했다. 가장 오른쪽 캔들이 오늘 캔들이라고 하면 이 종목은 첫 번째 매수를 해도 될까? 사도 될지 판단하기 위한 근거를 차례대로 생각해보자.

해답란에는 '상승 1국면 매수를 해도 좋은' 조건 세 가지가 쓰여 있으므로 각각 검증해 보자. 3가지 조건을 모두 충족하는 것이 상승 1국면 매수의 조건이다.

해답란

❶ 2~3개월 이상 계속 하락했는가?

────────────────
────────────────

❷ 3회 이상 저점을 갱신(3단 하락 완료)했는가?

────────────────
────────────────

❸ 주가가 최근 75일 이동평균선에 가까워졌는가?

────────────────
────────────────

★ 이 종목은 1국면 매수를 해도 좋은가?

────────────────
────────────────
────────────────

● **문제** 오늘 밤, 1국면 매수 주문을 해도 될까? (7751 : 캐논)

정답은 '매수하면 안 된다'

일단 하락 기간을 살펴보자. 4월 17일 부근의 고점을 기준을 보면 하락 기간은 충분히 길었던 것처럼 보이지만, **'75일 이동평균선을 깨고 내려가 본격적으로 하락 추세 접어든 것은 한 달 반 정도'**다. 아직 충분히 기간 조정이 진행되었다고 할 수 없으므로 조건 ❶이 충족되지 않았다.

다음으로 저점 갱신 횟수에 대해 살펴보자. 고점의 주가와 비교하면 주가 자체는 크게 내린 것처럼 보인다. 그러나, **'저점 갱신은 아직 2회 정도에 불과하므로 더 내릴 여지가 있다'**고 생각하는 것이 타당하다. 따라서 조건 ❷도 충족되지 않았다.

여기서 헷갈리는 것이 7월 하순에 한 번 저점을 높이면서 상승해 75일 이동평균선에 가까워진 점이다. 저점을 높여가며 75일 이동평균선에 근접한

● 답 맞추기 매수 주문을 해도 되는 이유 (7751 : 캐논)

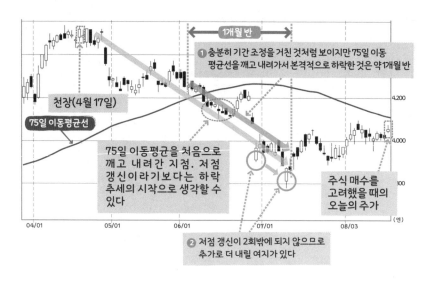

것은 사실이지만 조건 **❶**과 **❷**를 충족하지 못했으므로 '**아직 충분히 하락하지 않았으니 75일선에 접근하거나 닿으면 한 번 더 내려갈 가능성이 크다**'고 경계하는 것이 정석임을 기억하자.

75일 이동평균선을 뚫었을 때 매수하는 것으로 주문 조건을 설정할 수는 있다. 하지만 이때 손절매를 함께 설정하는 것을 잊지 말자.

세 번 저점을 갱신해도 반드시 상승한다는 보장은 없다

그럼 그 뒤의 움직임을 실제로 차트를 보면서 검증해보자. 다음 차트상에서 어중간하게 하락한 경우가 얼마나 위험한지 확인해보자.

차트를 보면 75일 이동평균선에 가까워져 상승 1국면 매수 기회라고 생각했지만, 사실은 그날이 또 다른 폭락의 시작이었음을 알 수 있다.

● **검증** 매수 주문을 넣으려고 한 다음 날 이후의 주가 변동 (7751 : 캐논)

75일 이동평균선을 넘어선 지점에 매수 주문을 걸어놓았지만, 그날은 75일선 직전에 고점을 찍고 그 후 다시 한번 급락했다.

그 뒤의 경과를 다음 차트에서 살펴보면 그 후에는 횡보했다가 다시 한번 하락해서 마지막 저점을 찍었다. 이때가 되어서야 드디어 바닥을 형성하고 상승 추세로 전환을 검토해도 되는 타이밍에 들어간다. 하지만 이것도 절대적이지 않다는 점을 잘 기억하자. **'3번 하락했으니 분명히 상승한다'**는 보장은 없다.

여기까지의 움직임을 정리해서 투자 판단을 해야한다.

다음 차트를 보면 9월 말에 마지막 저점을 형성하고 그 뒤 저점을 높여가는 움직임을 보인다. 이것으로 저점을 높이는 횟수가 4회 이상이 되었으므로 조건을 충족하게 되었다.

또 75일선을 깨고 내려간 뒤부터 하락한 기간도 3개월 이상이 되었으면 모든 조건을 충족했다고 할 수 있다.

● 검증 매수 주문을 넣으려고 한 뒤의 움직임 (7751 : 캐논)

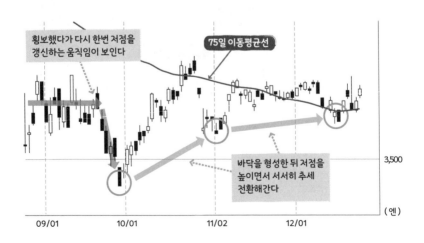

법칙대로 되리라는 법은 없다

지극히 당연한 말로 들리지만 법칙대로 되지 않는 일은 얼마든지 일어날 수 있다. 뜻대로 되지 않는 것을 가리켜 '머피의 법칙'이라는 용어가 있을 정도니까 말이다.

셀 수 없이 많은 투자 이론과 기술 지표도 마찬가지다. 그랜빌의 법칙, 엘리어트 파동 이론, 메리먼 사이클, 다우 이론 등 주가가 움직이는 사이클과 패턴을 설명하는 이론이 세상에 넘쳐나지만 그 어느 것도 완벽하게 들어맞지 않는다.

법칙에 근거한 올바른 주식 거래 방법

그럼 무엇이 올바른 사고방식일까?

완벽한 이론이나 법칙을 추구하기보다는 법칙에 맞지 않을 수도 있다고 인정하고, 들어맞을 때의 이익을 극대화할 수 있도록 그 이론을 내 편으로 만들어야 한다.

아울러 **이론이 맞지 않을 때 대처하는 법도 세트로 익혀야** 한다.

이렇게 말하면 와닿지 않을 수도 있으니 실제 예시를 보면서 설명하겠다.

문제 2-1로 출제된 후지쓰(6702)의 차트를 보자. 문제는 네 번 저점을 갱신하며 75일 이동평균선에 가까워졌으므로 사도 된다는 것이 답이었지만 사실 상승 1국면의 매수 기회는 그전에도 한 번 있다. 자세히 보면 3번의 저점 갱신 후 12월 초순에 75일 이동평균선을 돌파했다. 그랜빌의 법칙에 따라 매수하면 된다. 이것이 이론에 따라 이익을 극대화하는 행동이다. 하지만 곧 75일선을 깨고 내려가면서 다시 하락하기 시작한다. 이론과 다르게 가는 것이다. 주가가 이런 식으로도 움직일 수 있다고 생각하지 않으면 상황에 적절하게 대처할 수 없다.

법칙에 근거한 주식 거래 대처

그럼 어떻게 대처하면 좋을까?

내가 일관되게 이야기하는 **손실 제한(손절매)**을 하는 것이다. 손절매를 하고 일단 물러나는 것이다.

간혹 '주가 사이클이 안 맞는데 어떻게 된 거냐'고 항의조로 질문하는 사람도 있는데, 주가가 법칙대로만 움직인다면 아무도 고생하지 않을 것이다.

법칙이 맞지 않는다고 화를 내는 것보다는 그때의 대처법을 익혀두는 편이 훨씬 자신에게 도움이 된다. 시장에 절대라는 것은 없다. **확률이 높은 쪽에 자금을 투자하고 그것을 끊임없이 검증하는 과정이 중요**하다.

이건 무조건 올라간다! 75일 이동평균선에 가까워졌으니 올라가야 한다! 이런 생각은 근거 없는 떼쓰기일 뿐이다.

03 1국면 매수 전략 75일 이동평균선을 기준으로 생각한다

① **'75일 이동평균선이 아래를 향하고 있어도 주가가 높아지면 매수한다'는 점을 기억한다**

'비싸지면 산다' 이것이 기본

종목 선정 시 이상적인 형태는 '75일 이동평균선이 위를 향하고 있는 것'임은 충분히 알고 있을 것이다. 그러나 법칙 02 까지 나온 문제들을 통해 75일선이 아래로 내려갈 때도 매수할 수 있음을 알게 되었다. 다음으로 필요한 것은 매수 조건을 충족하는 종목을 언제 살 것인가다.

'75일선 아래에 있던 주가가 위로 돌파했을 때가 매수 타이밍'이다. 연일

목 표

아래를 향하는 차트에서 매매 포인트를 찾아 스스로 주문할 수 있다

참고 서적 《하루 5분 주식 첫걸음》(世界一やさしい株の教科書 1年生) 2교시

주가를 높이면서 75일 이동평균선에 가까워지면 보통 사람들은 주가가 크게 올랐기 때문에 매수하기 어렵다고 생각한다. 하지만 주식 거래의 고수들은 **"비싸지면 산다"** 이것이 그들의 행동 패턴이다.

❷ 매수·매도 모두 철저하게 자동감시주문을 이용한다

매수 주문 금액 설정 방법

매수 주문을 내는 타이밍은 **'주가가 75일 이동평균선 아래에 있을 때'**이다. 상승 추세가 발생하면 주가는 75일 이동평균선을 위로 돌파할 것이다. 그러면 이제 실제로 주문 가격 설정을 해보자.

예를 들어 오늘 종가가 2,339엔이고 75일 이동평균선 값은 2,377엔이라고 하자. 주가가 75일선을 넘는다는 것은 2,377엔보다 1엔이라도 높아진다는 뜻이다. 설정하는 매수 가격은 **'2,377엔보다 1엔이라도 높은 2,378엔 이상'**이다.

● **자동감시 주문에서 매수 설정 방법**

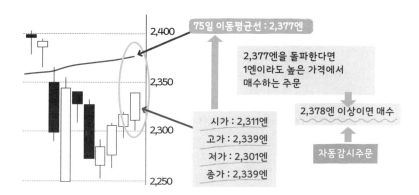

❸ 이익 확정과 손절매는 한 세트, 매도 주문도 언제나 자동감시주문으로

매수 주문이 체결되면 다음으로 **장이 끝나고 다음 날 장이 시작되기 전까지 매도 주문을 설정**해야 한다. 입구(매수 주문)와 출구(매도 주문)가 한 몸이라는 것을 잊지 말자. 이 경우 매도 주문은 **'손절매(로스컷) 설정'**이다. **75일선을 뚫고 올라갈 때 샀기 때문에 출구는 75일선을 깨고 내려갈 때이다.**

이 예시에서는 주문이 체결된 날의 75일 이동평균선 위치가 1엔(전날보다 2,378엔 올랐다)이었기 때문에 이를 '깨고 내려가는' 것은 1엔보다 2,378

● 매도 가격 설정과 손실 제한 계산 방법

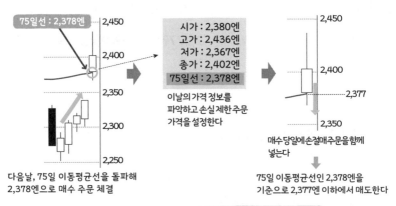

다음날, 75일 이동평균선을 돌파해
2,378엔으로 매수 주문 체결

이날의 가격 정보를
파악하고 손실제한주문
가격을 설정한다

매수 당일에 손절매주문을 함께
넣는다

75일 이동평균선인 2,378엔을
기준으로 2,377엔 이하에서 매도한다

만약 손절매가 체결되었다면   2,378엔 - 2,377엔 = 1엔

1,000주 매수했을 때의 손실액은   1엔 × 1,000 = 1,000엔

한국은 시장 참여자의 거래비용 축소를 위한 목소리가 커지면서 2023년 1월 25일부터
호가단위가 좀더 촘촘하게 변경되었다.

2천 원 이하:1원 단위   2천~5천 원:5원 단위   5천~2만 원:10원 단위
2만~5만 원:50원 단위   5만~20만 원:100원 단위   20만~50만 원:500원
50만 원 이상:1,000원

엔이라도 내려가는 것을 의미한다. 즉, 설정하는 매도 가격은, '**2,378 엔보다 1엔이라도 싼 2,377엔 이하**'가 된다.

문제 3-1

다음은 9월 중순에 바닥을 치고 주가가 올라온 믹시의 차트다. 11월 17일에 믹시 차트를 봤다고 가정하고 주가의 위치 판단과 매매 전략, 그리고 구체적인 매수 가격 설정을 생각해보자.

즉, 현재 상황에서 투자 판단을 하고 즉시 매수 주문을 내기로 했다고 하자. 현재 위치에서 사도 된다고 결정하는 근거는 무엇일까? 그 근거를 바탕으로 매매 가격을 결정하자.

주의할 점은 '매수 가격이 얼마야? 손절매 가격은? 오르면 어떡하지?' 이

● 문제 **11월 17일 밤, 매수 주문을 넣어도 좋은 근거는? (2121 : 믹시)**

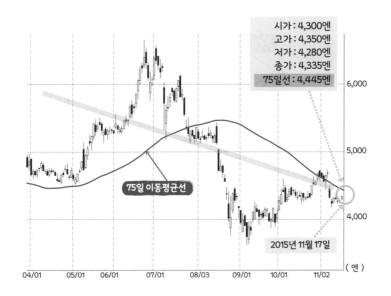

렇게 즉흥적으로 매매 전략을 세우지 않는다는 것이다. 매수가를 설정하라고 해놓고 얼핏 모순되어 보이겠지만 해답란 ❶의 현재 위치를 먼저 기술하는 데는 이유가 있다.

차트상에 주가가 하락하기 시작한 뒤부터 선을 그려보자. 저점을 몇 번 갱신했는지 그리고 현재 국면을 판단하자. 모든 분석은 여기서부터 시작한다.

● **믹시의 1국면 매수 설정 (2121 : 믹시)**

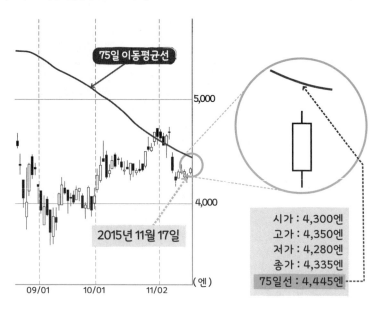

75일 이동평균선

5,000

4,000

2015년 11월 17일

09/01　　10/01　　11/02　　(엔)

시가 : 4,300엔
고가 : 4,350엔
저가 : 4,280엔
종가 : 4,335엔
75일선 : 4,445엔

3-1 해설

75일 이동평균선에 1번 닿은 것이 강력한 근거

앞에서 종목의 상황을 보고 75일 이동평균선이 아래를 향하고 있어도 상황에 따라서는 사도 된다는 것을 검증했다. 그 경험을 살려 믹시의 현재 상황을 분석하여 현시점에서 매수해도 되는지 아닌지를 생각해보자.

6월 하순부터 7월 초순에 걸쳐 2회 정도 같은 위치의 고점에서 천장을 형성하고 나서는 하락 추세가 시작되었다. 7월 하순부터 9월 초순에 걸쳐 급격히 3회 정도 저점을 갱신했다.

이렇게 가파르게 하락한 이유는 주로 하락에 대한 공포 때문이지만 중국 시장이 대폭락했던 '차이나쇼크'라는 측면과도 크게 연관되어 있다.

● 답 맞추기 매수 주문을 해도 되는 이유 Ⓐ (2121 : 믹시)

시가 : 4,300엔
고가 : 4,350엔
저가 : 4,280엔
종가 : 4,335엔
75일선 : 4,445엔

75일 이동평균선

2015년 11월 17일

5,000

4,000

(엔)

07/01   08/03   09/01   10/01   11/02

그 후에는 드디어 저점 갱신이 멈추고 9월 하순 처음으로 저점이 높아졌다. 그리고 10월 하순에 75일선을 한 번 돌파했지만 큰 이익을 내지 못하고 다시 내려갔다. 이것은 1국면 매수에 실패했다기보다는 다음의 전고점 갱신과 매수해도 좋은 근거를 확실하게 다져줬다고 생각해야 한다.

11월 중순 이후 다시 한번 저점을 높이면서 75일선에 접근하고 있으므로 매수 근거는 충분하다. 지금까지의 분석을 통해 현재 위치는 상승 1국면임을 쉽게 알 수 있다.

● 답 맞추기 매수 주문을 넣어도 되는 이유 Ⓑ (2121 : 믹시)

75일 이동평균선보다 1호가 단위 위가 매수 가격

매수 근거가 충분하다는 것을 알았으니 이제 다음 날부터 매수 가격을 설정할 차례다. 문제로 제시된 오늘 가격 정보에는 75일 이동평균선의 가격이 표시되어 있다.

이것을 근거로 매수 주문을 내는 가격을 계산한다.

11월 17일 현재 75일 이동평균선은 4,445엔에 위치하며 종가는 4,335엔으로 75일 이동평균선까지는 100엔 이상 차이가 나는 상황이다. 이렇게 차이가 나면 설마 하루 만에 돌파하진 않으리라고 생각할 수도 있지만, 여러분이 매수 신호를 알아차렸다는 것은 이 종목에 주목하는 사람이 늘고 있다는 반증이므로 순식간에 75일 이동평균선을 넘어 매수 타이밍을 놓칠 수도

● 답 맞추기 매수 가격 설정 방법 (2121 : 믹시)

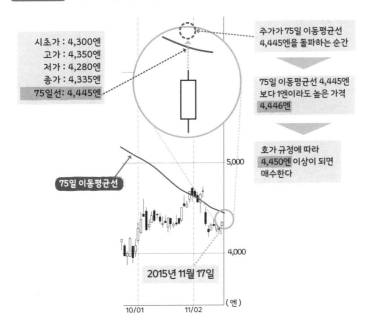

시초가 : 4,300엔
고가 : 4,350엔
저가 : 4,280엔
종가 : 4,335엔
75일선 : 4,445엔

주가가 75일 이동평균선 4,445엔을 돌파하는 순간

75일 이동평균선 4,445엔보다 1엔이라도 높은 가격 4,446엔

호가 규정에 따라 4,450엔 이상이 되면 매수한다

75일 이동평균선

2015년 11월 17일

5,000

4,000

(엔)

10/01   11/02

있다는 걸 명심하자.

　매수가는 주가가 75일 이동평균선인 4,445엔을 돌파하는 순간이므로 **4,445엔보다 1엔이라도 높은 4,446엔**이 되는 순간이 매수 가격이다. 하지만 주당 가격이 4,000엔 이상이면 5엔 단위로 주문해야 하는 호가라는 규칙이 존재한다. 즉, 4,445엔보다 1단위 위의 가격은 4,446엔이 아니라 5엔 위인 4,450엔이다. 따라서 **매수 가격은 4,450엔 이상이 되면 산다**고 설정한다.

손절매 기준 설정 방법

　덧붙여 현시점에서 설정할 수 있는 손절매 기준은 75일 이동평균선을 깨고 내려가는 가격이므로 이 역시 호가 단위에 따라 5엔 아래인 4,440엔 이하가 되면 매도로 설정한다.

● 답 맞추기 주문한 다음 날 상황 (2121 : 믹시)

다음 날, 4,450엔 이상이 되어 매수 체결

75일 이동평균선

5,000

2015년 11월 18일

4,000

(엔)

9/01　　10/01　　11/02

문제 3-2

다음은 방금 주문을 설정한 믹시의 다음날 상황을 나타낸 차트다. 단 하루 만에 큰 폭으로 상승해 75일 이동평균선을 돌파했으므로 매수 주문이 체결되었다. 그러면 이제 무엇을 해야 할까? 맥주를 한잔 하고 자면 될까? 당연히 아니다.

차트에 나타난 이날의 주가 정보를 참고하여 손절매 가격과 손절 매가 실현될 경우의 손실 금액을 계산해보자. 주문 수량은 200주라 고 하겠다.

● **문제** **1차 매수 주문에 대한 손절매 설정은? (2121 : 믹시)**

시가 : 4,360엔
고가 : 4,579엔
저가 : 4,335엔
종가 : 4,505엔
75일선 : 4,435엔

75일 이동평균선

2015년 11월 18일

여기서 문제 3-1 과 문제 3-2 의 손절매의 차이가 무엇인지 간단히 설명하겠다. 아래 그림 ❶에서 설정하는 손절매는 매수 전 가격이며 실제 매수한 날의 주가와는 다르다. 75일 이동평균

해답란

❶ 체결 당일에 설정하는 손절매 매도 주문 가격은?
(   )엔 이하가 되면 매도한다

❷ 200주를 샀을 경우, 손절매 금액은?
(   )엔

선이 아래를 향하고 있으므로 다음날 주가는 당연히 더 낮아졌기 때문이다. 그러면 '매수 후 ❷의 시점에서 계산하면 되지 않을까?'라고 생각하겠지만 **'매수할 때 이미 손절매 포인트가 보이느냐'**가 핵심이다. 즉, ❶시점에서 대답할 수 없는 경우, 근거를 알 수 없다는 뜻이므로 매수 주문을 해서는 안 된다는 결론이 나온다. ❷에서 주문이 체결되었으므로 실제 주문 가격이다.

● **주문 전과 체결 후의 믹시의 손절매 설정**

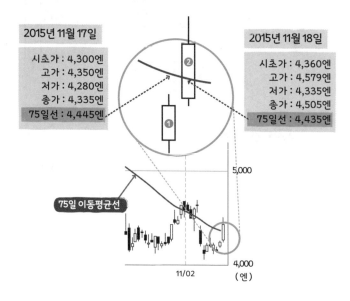

2015년 11월 17일
시초가 : 4,300엔
고가 : 4,350엔
저가 : 4,280엔
종가 : 4,335엔
75일선 : 4,445엔

2015년 11월 18일
시초가 : 4,360엔
고가 : 4,579엔
저가 : 4,335엔
종가 : 4,505엔
75일선 : 4,435엔

75일 이동평균선

5,000

4,000

11/02

(엔)

3-2 해설

입구와 출구를 한 세트로 묶는다

매수 주문을 설정한 다음 날 고가가 4,570엔을 기록하여 4,450엔 이상으로 설정한 매수 가격을 넘어왔기 때문에 주문이 체결되었다. 차트를 보면 알 수 있듯이 아침에 '**75일 이동평균선 아래에서 힘차게 상승해 75일선 위에서 끝났다.**' 이 경우에는 가장 기본적인 손절매 설정 규칙을 적용해도 될 것 같다. 즉, 입구(매수 주문)와 출구(매도 주문) 로직을 한 세트로 묶어서 '**75일선을 깨고 내려가는 지점에서 팔아 손실을 제한하는**' 것이다. 또 매수한 당일에 75일선을 다시 깨고 내려가 음봉으로 끝나는 경우의 손절매 설정은 《세상에서 가장 쉬운 신용거래 교과서 1학년(世界一やさしい 株の信用取引の教科書 1年生)》의 참조하기 바란다.

● **답 맞추기** 75일 이동평균선 위에 주가가 있는 경우의 손절매 설정 방법 (2121 믹시)

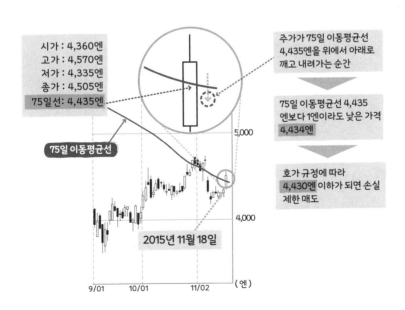

시가 : 4,360엔
고가 : 4,570엔
저가 : 4,335엔
종가 : 4,505엔
75일선 : 4,435엔

75일 이동평균선

2015년 11월 18일

주가가 75일 이동평균선 4,435엔을 위에서 아래로 깨고 내려가는 순간

75일 이동평균선 4,435 엔보다 1엔이라도 낮은 가격 4,434엔

호가 규정에 따라 4,430엔 이하가 되면 손실 제한 매도

5,000

4,000

9/01   10/01   11/02   (엔)

매수 방법과 마찬가지로 매도 시점은 주가가 75일 이동평균선 4,435엔을 위에서 아래로 깨고 내려가는 순간이다. 가격으로 생각하면 75일선이 4,435엔이므로 1엔이라도 낮은 4,434엔이 매도 설정 가격이지만, 여기서도 호가 단위에 따라 **'4,430엔 이하'** 매도 가격이 된다.

이 경우의 손절매 금액은 (4450-4430)×200=**4,000(엔)**이다.

❹ 매도 주문은 장이 끝난 후 설정한다

믹시를 매수한 뒤의 결과를 보면서 손절매 설정의 중요성과 손실을 작게 제한하고 이익을 크게 만들어 가는 투자의 본질에 대해 생각해보자.

여기서 한 가지 기억해야 할 점이 있다. **'아침에 장 시작하자마자 매수 주문이 체결되었다 해도 매도 주문(로스컷) 설정은 그날의 장이 완전히 끝난 뒤 한다'**는 것이다. 상승 1국면의 패턴으로 75일 이동평균선을 돌파하는 경우에는 75일 이동평균선을 사이에 두고 등락이 심하기 때문에 매수 직후 손절매를 설정하면 바로 매도 주문이 체결될 가능성이 크기 때문이다.

11월 18일 주문이 체결되고 4,000엔의 손실 리스크를 설정한 후에는 순조롭게 추세를 타고 주가가 상승한다. 12월 7일에는 최근의 최고점 5,310엔으로 마감했다. 종가 기준으로 생각했을 때의 수익은 (5310-4450) × 200=17만 2,000엔이다. 최초 설정한 손절매 금액의 무려 4배의 수익 실현이 가능하다. 이것이 바로 **'손실은 최소화하고 수익을 극대화하는 투자의 본질'**이다. 그 후에는 2주 동안 우상향했다가 75일선까지 다시 내려가 75일선을 깨고 내려간다. 이로써 다시 매수 기회가 찾아온다.

다음 법칙 04 에서는 '주식
투자 기술'에 중점을 두고 인
터넷(또는 모바일)으로 매수

특별 동영상 ❶ 1국면에서의 매수와 손절매
(http://www.tbladvisory.com/book003)

와 매도 주문을 어떻게 설정할지 실제 화면 이미지를 보면서 알아보겠다.

아직 전반부인데 좀 어렵게 느껴진다면 동영상 사이트에서 알기 쉽게 설

명하고 있으니 꼭 확인해보자.

● 검증 **매수 주문이 체결된 뒤의 주가 변동 (2121 : 믹시)**

2015년 12월 7일의 종가로
5,310엔까지 상승

2015년 12월 7일

75일 이동평균선을 넘어선 후
손절매되지 않고 상승

75일 이동평균선

2015년 11월 18일

2015년 12월 25일

5,000

4,000

2015년 12월 25일에 75일 이동평균선으로
돌아와 75일선을 깨고 내려왔지만 이때는
75일선이 우상향하고 있으므로 새로운 매수 기회

11/02   12/01   (엔)

04 주식 매매에도 기술이 필요하다. 주문 설정 방법을 마스터한다
[한국의 경우는 부록에 보충 설명함]

❶ 매매 주문 가격을 아는 것만으로는 부족하다. 화면을 보면서 정확하게 설정하자

자동 감시주문을 설정할 수 있는 것도 하나의 기술

법칙 03 에서는 주가 위치에 따라 투자 판단을 한 후 차트상에서 75일 이동평균선의 값을 참고하고 매수 가격과 매수 후의 손절매를 설정하는 것에 관해 자세히 살펴봤다. 그러나 매매 주문 가격을 계산할 수 있다고 해서 모든 것이 해결되진 않는다. 가격을 계산할 수 있어도 실제로 주문할 때 가격

목 표

차트상에서 매수 가격을 설정하여 주문할 수 있다

참고 서적 《하루 5분 주식 첫걸음》 (世界一やさしい株の教科書1年生) 3교시

을 잘못 입력하거나 애초에 주문 화면이 무엇을 의미하는지 모를 때는 그림의 떡일 뿐이다.

다음 그림(이미지 제공: 라쿠텐증권 마켓스피드)을 참고하여 자동감시 주문을 낼 때 주의할 점과 설정한 후 확인하는 방법을 알아두자.

먼저 입력 항목에 익숙해져야 한다. 그리고 실제로 입력하는 연습을 여러 번 해보자.

● 자동감시 매수 주문 설정

STEP 1-1. 자동감시 주문에서 매수 주문 조건 설정 , 주문 기간을 지정한다

주문 화면에서 '자동주문'을 선택한다. 인터넷 증권 대부분이 '지정가 주문'(통상)과 '자동주문' 탭이 구분되어 있다.
주가가 사고 싶은 가격까지 오르기를 기다렸다가 사야 한다. 그때의 매수 타이밍을 설정하는 구조가 '자동감시 주문'의 조건 설정이 된다.
주문 수량, 조건 설정, 주문단가, 주문 유효기간을 설정한다.

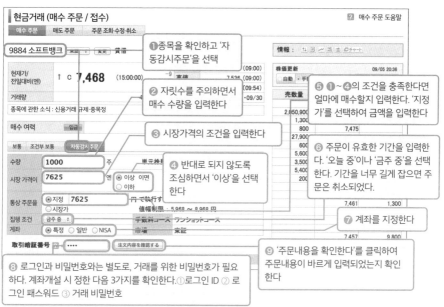

주문이 실행되는 가격 조건에서 '이상'인지 '이하'인지를 잘못 선택하면 엉뚱한 가격에 주문이 들어가므로 여러 번 확인하자. 주문 기간은 1주일이며 주말이 지나면 주문은 자동 취소된다.

익숙해져도 주문확인 화면은 꼭 표시하게 한다

　주문을 입력하면 주문을 확정하는 프로세스에 들어간다. 몇 번 주문을 해보면 금방 익숙해지지만 익숙하다고 생각할 때야말로 실수하기 쉽다. 주문 설정 화면을 보면 '주문 확인 화면 생략'이라는 버튼이 있어서 주문을 따로 확인하지 않고 넘어갈 수 있는 기능이 있다. 목숨 다음으로 중요한 돈을 다루는 것이기 때문에 거래는 항상 신중해야 한다. 익숙해지더라도 확인 화면은 꼭 띄워주자.

　최근에는 스피드 주문, 원클릭 주문과 같은 명칭으로 클릭 한 번에 주문할 수 있는 기능도 보편화되었다. 하지만 이것은 속도를 중시하는 데이트레이딩(단기 거래)에서 많이 사용되는 기능이므로 익숙해지기 전까지는 하나

● 매도 자동감시주문 설정

STEP 1-2　자동감시주문으로의 매도 주문을 조건 설정 , 주문 기간을 설정한다

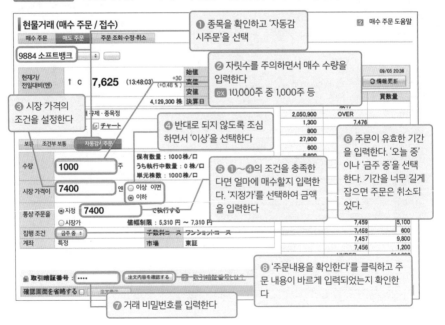

하나 눈으로 확인하면서 주문을 완료하는 것이 바람직하다.

매도 가격 설정은 반대 조건으로

매수 주문이 체결한 다음에는 손절매 매도 설정을 하자.

매수 과정과 다른 점은 자신이 보유한 종목 중 매도할 종목을 골라 주문을 설정하는 것이다. 자동감시 주문으로 매도 주문을 설정하는 것은 매수할 때와 거의 같지만, 한 가지 중요한 차이는 '**가격 설정 조건이 반대**'라는 점이다. '**매수 주문의 경우 75일 이동평균선에 닿지 않은 시점에서 주문을 내므로 100엔 이상이 되면**'이 기본 조건이었다. '**매도의 경우는 상승세가 꺾이면 팔게 되므로 90엔 이하가 되면**'이라는 조건으로 설정한다.

● 매수 자동감시 주문 최종 화면 확인 (매도 자동감시주문도 동일함)

STEP 2   주문 항목을 확인하고 발주한다. 주문 확인 화면에서 설정이 정확한지 최종 확인한다

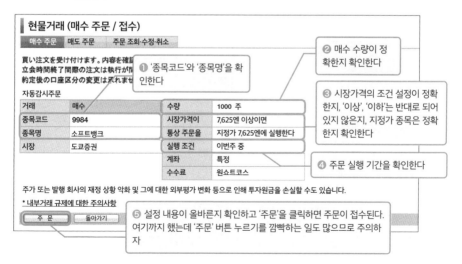

문제 4-1

아래 왼쪽 차트는 문제 3-1 에서 매수 가격을 계산한 믹시의 차트다. 오른쪽은 믹시로 검색해서 현물구매 버튼을 눌러 표시되는 주문 화면이다. 문제 3-1 의 해설을 다시 읽지 않은 상태에서 스스로 매수 가격을 설정할 수 있는지 도전하여 계산된 가격으로 100주를 매수 주문할 수 있도록 숫자를 적어 보자.

만약 주문 가격을 모른다면 반드시 법칙 03 설명 부분으로 돌아가서 제대로 복습한 후 돌아와야 한다. 이 부분을 모르면 뒤의 내용을 전부 이해할 수 없으니 반드시 짚고 넘어가도록 하자.

● 문제 + 해답란 주문 화면에서 자동감시 매수 주문을 한다(2121 : 믹시)

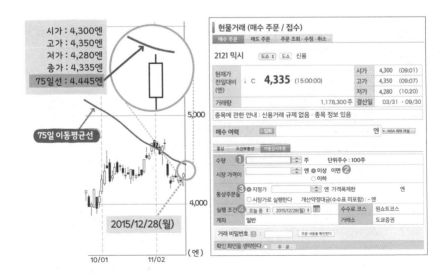

4-1 해설

매수 시에는 '이상'으로 되어 있는지 분명히 확인한다

문제 3-1 에서 설명한 것처럼 당일 75일 이동평균선의 주가는 4,445엔이 므로 그 가격을 돌파하는 가격, 호가 규정을 고려하면 '4,450엔 이상'이 되면 산다는 것이 매수 가격 설정이다.

100주를 살 때의 설정이므로 ❶의 수량에는 '**100**'을 입력한다. 다음은 가장 중요한 항목이 되는 가격 조건 설정이다.

❷에는 '**시장 가격이 4,450엔을 넘으면 산다**'고 설정하기 때문에 '**4,450**' 과 '**이상**'을 선택한다. 실수로 '이하'를 선택하면 즉시 조건을 충족해 매수 주문이 체결된다.

❸은 조건을 충족하면 얼마에 매수할지 실제 매수 희망 가격을 입력한다. 특별한 이유가 없는 한 자동주문 조건 가격과 동일하게 '**4,450**엔'이라고 입력한다.

● 답 맞추기 **자동감시 매수 주문 설정 화면 (2121 : 믹시)**

055

여기까지 혼자서 할 수 있게 되면 그 뒤부터는 규칙에 따라 동일하게 반복하면 된다. 참고로 다른 항목들을 설명하자면, ❹에서 이 조건을 유효하게 하는 기간을 설정한다. 이번 주중이나 2개월 정도 뒤까지의 날짜로 지정할 수 있도록 되어 있는데, 너무 기간을 길게 잡는 것은 추천하지 않는다. 치밀한 투자를 목표로 일주일에 한 번 정도는 자신의 종목을 재검토하는 것이 좋으므로 주문 기한은 1주일 이내를 기준으로 하자.

최종 확인 화면을 반드시 확인한다

문제의 발단이 되는 부분은 화면 맨 아래에 있는 '❺ 확인 화면 생략하기' 부분이다. 여기에 체크를 하고 '주문'이라는 버튼을 누르면 최종 확인 화면을 표시하지 않고 바로 주문을 내게 된다. 주문이 실행되기 전날 밤에 주문할 때는 아직 정정할 여유가 있지만, 장이 열리기 직전에 서둘러 주문을 내

● 검증 자동감시 매수 주문을 최종 확인 화면에서 확인한다 (2121 : 믹시)

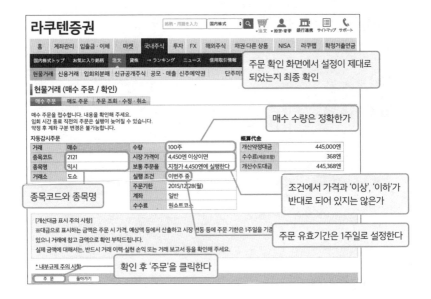

거나 하면 잘못된 주문이 갑자기 체결되는 일도 일어나기 때문이다(이것은
내 경험이기도 하다).

숫자를 입력하는 것이므로 얼마든지 틀릴 수 있다. 집요하게 강조한 '**가
격 조건 설정**'뿐만 아니라, '**수량**'이나 '**실제 사는 가격의 설정**'을 잘못 입력
하는 일도 충분히 일어날 수 있다. 100주를 주문할 생각이었는데 잘못해서
1,000주를 주문했을 경우의 결과를 상상해 보자.

최종 확인 화면에서 지금 이야기한 포인트를 꼭 꼼꼼하게 재확인하자.

- 매수하려는 기업 종목 코드와 종목명은 맞는가
- 주문 수량의 자릿수가 맞는가
- 주문이 실행되는 조건의 가격은 적절한가
- 엉뚱한 가격에 조건이 설정되어 있진 않은가

● 약정한 날짜에 75일 이동평균선 가격을 확인한다 (2121 : 믹시)

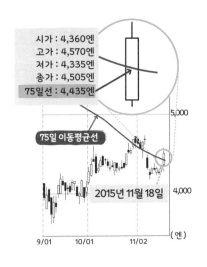

주문이 체결되면 반드시 75일 이동평균선 가격을 확인해두자!

앞쪽 아래 그림은 문제 3-2 에서 손절매 가격을 계산한 믹시의 차트이며 문제 4-1 에서 주문을 낸 다음 날의 결과를 나타낸다. 이날 75일 이동평균선을 돌파해 매수 주문이 체결되었다.

여기서도 문제 3-2 의 해설을 다시 읽기 전에 반드시 직접 손절매 가격을 계산해 보자. 손절매 계산은 수익 확정보다 중요하기 때문에 계산할 수 있어야 한다.

계산된 가격으로 100주 손절매 주문이 가능하도록 아래 그림의 주문 화면에 숫자를 입력하자.

● 문제 + 해답란 주문화면에서 자동감시주문으로 손절매 가격을 설정하자(2121 : 믹시)

현물거래 (매도 주문)
매수 주문 매도 주문 주문 조회·수정·취소
믹시 2121 도쿄 ▲ 변경 대차
현재가 / 전일대비(엔) ↑ ○ **4,505**
보통 조건부보통 자동감시주문

수량 ①	[ ]주	보유 수량 : 100주 중 실행 중 수량 : 0주 최소 단위 : 100주
시장 가격 ②	[ ]	○ 이상 이면 ◉ 이하
통상 주문을 ③	◉ 지정가 [ ] 엔에 실행한다 ○ 지정가	
실행 조건 ④	이번주 중 ▼	

4-2 해설

매수한 날의 75일 이동평균선이 로스컷의 기준이 된다

해설을 다시 읽지 않고 스스로 계산하는 데 성공했는가? 여러 번 강조했듯이 손절매의 설정 포인트를 모르는 것은 자동차 브레이크 밟는 방법을 모르는 것과 같기 때문에 반드시 혼자서도 할 수 있도록 연습해야 한다. 옆 사람이 브레이크를 밟아 줄 수 있는 곳은 운전교습소뿐이다.

주문이 체결된 날의 75일 이동평균선을 깨고 내려가는 것이 기본적인 손절매 포인트였다. 이날 75일 이동평균선의 값은 4,435엔, 깨고 내려간다는 것은 4,435엔보다 1엔이라도 싼 4,434엔 이하, 호가 규칙을 적용하면 **'4,430엔 이하'**가 된다.

100주를 손절매하는 설정이므로 자릿수에 주의하여 ❶의 수량에 '100'을

● 답 맞추기 자동 감시 주문에 의한 손절매 설정 화면 (2121 : 믹시)

현물거래 (매도 주문)

| 매수 주문 | 매도 주문 | 주문 조회·수정·취소 |

믹시 2121 도쿄▾ 변경 대차

현재가 / 전일대비(엔) ↑ c **4,505**

| 보통 | 조건부보통 | 자동감시주문 |

수량 ❶	**100** 주	보유 수량 : 100주 중 실행 중 수량 : 0주 최소 단위 : 100주
시장 가격 ❷	**4,430**	○ 이상 이면 ◉ 이하
통상 주문을 ❸	◉ 지정가 **4,430** 엔에 실행한다 ○ 지정가	
실행 조건 ❹	이번주 중 ▼	

입력한다. 가장 중요한 항목은 매수 주문 설정과 마찬가지로 가격 조건 설정이다. ❷에는 '**시장 가격이 4,430엔을 밑돌면 매도한다**'로 설정하기 때문에 '**4,430엔**'과 '**이하**'를 선택한다. 실수로 '이상'을 선택하면 즉시 조건을 충족하여 매도 주문이 체결된다.

❸은 조건을 충족하면 얼마에 팔지 매도 희망 가격을 입력한다. 특별한 이유가 없는 한 자동감시주문의 가격과 동일하게 '4,430엔'이라고 입력한다.

계속 상승할 것이라는 보장이 없으니 손절매는 필수

실제로 매도 가격까지 설정하면 다음은 ❹'실행 조건'에서 주문 유효기간을 선택한다. 이것도 일주일에 한 번 정도는 재검토하는 것이 좋으므로 '**이번 주 중**'을 선택한다.

이후의 결과는 `문제 3-2`서 보았듯이 ❶11월 16일 주문이 체결된 후 순조롭게 추세를 타고 ❷12월 7일에는 5,310엔까지 주가가 상승한다. 이쯤에서 질문이 '어차피 주가가 상승할 테니 손절매를 설정할 필요가 있을까요?'라는 질문이 종종 나온다. 결과적으로는 순탄하게 상승했으므로 일리 있는 말처럼 들리지만 잘 생각해보자. "우리나라에서 올림픽을 개최하기로 정해졌으니까 심사위원들 앞에서 굳이 열심히 프레젠테이션할 필요는 없지 않았을까요?" 이렇게 주장하는 것과 뭐가 다를까? 주가

● 손절매 판단을 한다(2121 : 믹시)

시가 : 4,360엔
고가 : 4,570엔
저가 : 4,335엔
종가 : 4,505엔
75일선 : 4,435엔

75일 이동평균선

2015년 11월 18일

5,000

4,000

9/01 10/01 11/02 (엔)

가 상승했으니까 손절매 설정이 필요 없다는 것은 이와 같은 수준의 결과론적 질문이다. 재난에 대비하면 아무 걱정이 없고 철저한 준비가 있어야 결과가 따르는 법이다. 아래 차트에 그려져 있듯이 ❸의 방향으로 주가가 하락하여 막대한 손실이 날 가능성도 얼마든지 있기 때문이다.

익숙해지더라도 다음 두 가지는 앞으로의 투자 인생에서 절대 잊지 말도록 하자.

Ⓐ 주문에 대한 최종 확인 화면은 반드시 확인한다

Ⓑ 상승이 확실해 보여도 손절매는 반드시 설정한다

다음 문제에서는 상승 신호로 맹신하기 쉬운 신호에 관해 자세히 살펴보겠다. '골든크로스'라는 현상을 이용해서 잘못된 추세판단이 어떤 결과를 가져오는지 생각해보자.

● **검증** 그 후의 주가 변동을 확인한다 (2121 : 믹시)

❷ 2015년 12월 7일 종가로 5,310엔까지 상승

2015년 12월 7일

❶ 75일 이동평균선을 넘어서서 손절되지 않고 상승함

2015년11월18일

75일 이동평균선

5,000

❸ 75일 이동평균선을 넘었지만 다시 하락할 가능성이 얼마든지 있다

4,000

(엔)

11/02   12/01

05 골든크로스는 주가 추세와 함께 판단한다

1 골든크로스가 나왔다고 무작정 사면 안 된다

골든크로스만 보고 매수하면 안 되는 이유

투자자들은 '**25일 이동평균선이 75일 이동평균선을 아래에서 위로 뚫고 올라가는 골든크로스**'를 강력한 매수 신호로 받아들이고 잘 활용한다. 이것을 기계적으로 외워서 충실히 따르는 것도 좋지만 의미를 생각하지 않고 따라하다 보면 위험한 결과를 맞을 수도 있다. **골든크로스는 주가가 하락세에 있을 때도 발생**하기 때문이다. 하락 기조일 때는 25일선이 75일선을 골든크로스한 타이밍이야말로 오히려 대폭락의 시작일 때가 종종 있다. 골든크로

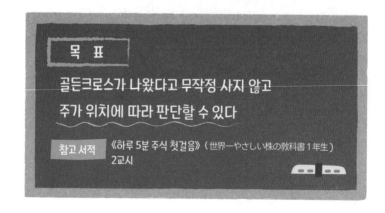

목 표

골든크로스가 나왔다고 무작정 사지 않고
주가 위치에 따라 판단할 수 있다

참고 서적 《하루 5분 주식 첫걸음》(世界一やさしい株の教科書 1年生)
2교시

스라는 신호뿐만 아니라 **'주가의 위치와 조합하여 생각'**할 수 있어야 한다.

여기서는 골든크로스의 종류가 한 가지가 아니라는 점에 주목해야 한다. 25일선과 75일선이 교차하는 것도 골든크로스이고 5일선과 25일이 교차하는 것도 골든크로스다.

그렇다면 어느 쪽이 진짜 골든크로스일까?

답은 '둘 다'이다. 요컨대 숫자가 아니라 골든크로스의 의미를 생각할 필요가 있다는 말이다.

골든크로스라는 지표는 단기이동평균선이 장기이동평균선을 뚫고 넘어옴으로써 '최근 추세가 발생하고 있다'는 신호를 알아차리는 데 이용한다. 여러분이 평소 5일선과 25일선을 기준으로 거래하고 있다면 5일선과 25일선의 골든크로스를 판단 기준으로 삼으면 된다. 25일선과 75일선을 기준으로 거래한다면 그 골든크로스를 판단 기준으로 삼는다.

● **골든크로스는 대폭락의 시작일 수도 있다**

200일 이동평균선

75일 이동평균선

25일 이동평균선

25일 이동평균선과
75일 이동평균선의
골든크로스를 보고 매수함

더 큰 하락의 시작에 불과했다

골든크로스를 보고 사려면 상승 추세인지 확인하라

구체적으로 골든크로스로 사기 좋은 위치를 알아보겠다. 아래의 '사도 되는 패턴' 설명과 그림을 보면서 75일 이동평균선, 25일 이동평균선, 주가의 위치 관계에 따른 판단 기준을 잘 기억하자.

앞에서 자신이 사용하는 이동평균선에 따라 골든크로스의 기준이 달라진다고 설명했다. 매수해도 되는 패턴이라는 이 설명에서도 같은 말을 할 수 있다.

아래 Ⓐ, Ⓑ에서 설명하는 75일선, 25선의 위치 관계를 25일선·5일선으로 대체하여 생각하면 된다. 하지만 25일선과 5일선의 경우 이동평균선의 기간이 짧기 때문에 변동성이 더 강하다는 점을 기억하자.

매수해도 되는 패턴	
Ⓐ	골든크로스 타이밍에 주가가 75일 이동평균선과 25일 이동평균선 위에 있을 때 **위치** 위에서부터 **주가** ⇒ **25일 이동평균선** ⇒ **75일 이동평균선**
Ⓑ	Ⓐ는 아니지만 골든크로스 직전에 주가가 저점을 벗어나 25일 이동평균선을 위로 돌파하고 75일 이동평균선에 가까워지는 추세 형성 준비단계 **위치** 위에서부터 **75일 이동평균선** ⇒ **주가** ⇒ **25일 이동평균선**

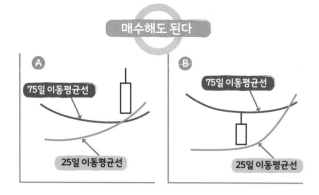

매수해도 된다

Ⓐ
75일 이동평균선
25일 이동평균선

Ⓑ
75일 이동평균선
25일 이동평균선

하락 추세에서의 골든크로스는 넘어가거나 공매도 기회로 삼는다

주가가 확연히 하락 기조에 있을 때 발생하는 골든크로스는 기술적 반등으로 인해 발생할 가능성이 크기 때문에 '**매수 결정보다는 넘어가는 재료로 활용해야 한다.**' 아래의 '매수하면 안 되는 패턴'의 설명과 그림을 보면서 75일 이동평균선, 25일 이동평균선, 주가의 위치 관계에 따른 판단 기준을 잘 기억하자.

ⓒ 또는 ⓓ의 패턴은 거래를 잘하는 사람들에게는 하락장세에서 이익을 내는 공매도 신호로도 자주 사용된다. 충분히 기간 조정을 거치지 않은 지점에서 골든크로스가 발생할 경우 25일 이동평균선이 다시 떨어지기 시작하면 하락에 가속도가 붙어서 공매도하기에 적합하기 때문이다.

매수하면 안 되는 패턴	
ⓒ	골든크로스가 일어났지만 75일 이동평균선이 아래를 향하고 있고 75일 이동평균선 아래에 25일 이동평균선이 있으면서 가까워지고 있을 때 **위치** 위에서부터 25일 이동평균선 ⇒ 75일 이동평균선(하향) ⇒ 주가
ⓓ	하락세인 75일 이동평균선을 골든크로스하기 전에 주가가 25일 이동평균선을 벗어나 75일 이동평균선에 근접했을 때 **위치** 위에서부터 75일 이동평균선 ⇒ 주가 ⇒ 25일 이동평균선

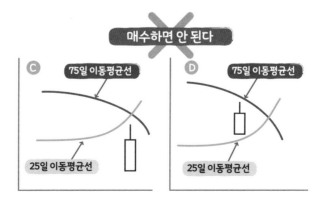

다음은 11월 들어 골든크로스가 나타난 도요타자동차의 차트다. 이 차트상의 골든크로스를 보고 매수해도 될까? 우선 현재 주가 위치를 확인하고 64쪽, 65쪽의 Ⓐ에서 Ⓓ 중 어느 패턴인지 판단해서 매수해도 되는지 적어보자.

중

해답란

❶ 현재 위치는 상승의 (　　　) 국면

❷ 주가 위치는 다음 중 어느 패턴인가?
　□ Ⓐ　□ Ⓑ　□ Ⓒ　□ Ⓓ
　□ 모두 아니다

❸ 주가 위치로 판단할 경우 이 골든크로스는
　□ 매수해도 된다
　□ 매수하면 안 된다

❹ 현재 위치에서의 매매 전략은
　□ 저자가 사도 된다고 하면 사겠다
　□ 추세 전환 매수 방법으로 산다

● 문제 **이 골든크로스 신호를 보고 매수해도 될까? (7203 : 도요타자동차)**

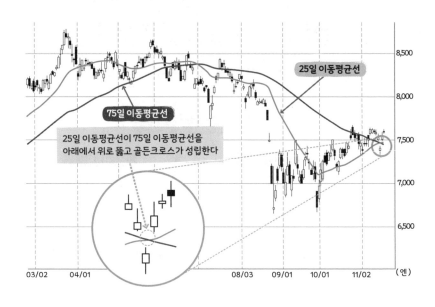

5-1 해설

상승 추세인지 확인하고 매수한다

이제 분석하는 방법을 확실히 알았을 것이다. 이쯤 되면 그리 어렵지 않게 주가의 위치를 판단할 수 있다.

먼저 **문제 5-1 ❶**에서 주가가 어느 국면에 있는지 생각해보자. 75일 이동평균선을 깨고 내려가 하락하기 시작한 이후 저점을 3회 갱신하며 8월 하순에 바닥을 찍었다. 거기서부터 오르락내리락하면서 주가가 저점을 높여가기 시작한다.

25일선을 돌파한 후 상승 추세로 전환한 주가가 75일선을 한 차례 돌파했다가 다시 하락했지만 다시 한번 75일선을 위로 돌파하면서 추세 전환을 하기 시작했다. 따라서 '**현재 위치는 상승 1국면**'이고 그 국면이 두 번 나타난 지점이다. 75일선이 아직 아래로 향하고 있다는 점이 이 분석을 뒷받침한다.

● **답 맞추기** 이 골든크로스를 보고 매수해도 되는 이유 (7203 : 도요타자동차)

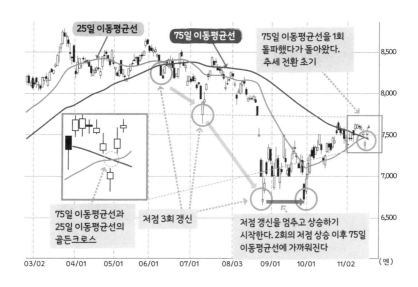

이번에는 문제 5-1 ②에서 패턴에 맞춰서 생각해보자. 현재 이동평균선을 보면 25일선이 75일선을 위로 돌파하는 골든크로스가 성립되었다. 주가는 골든크로스 위에 있으므로 주가 ⇒ 25일 이동평균선 ⇒ 75일 이동평균선 의 순서로 나열되었다.

참고로 ④와 같은 순서를 기술적 분석에서는 '**퍼펙트 오더(Perget Order)**'라고 한다. '완벽한 주문'이라는 뜻은 아니다.

오더(order)에는 '규율·줄 세우기'라는 의미도 있으므로, '**완벽한 배열**'이라는 뜻이다. '**거의 틀림없이 상승 추세를 타고 있다**'라는 의미에서 이 용어를 사용한다.

● 검증 **매수 주문 체결 후의 주가 변동 (7203 : 도요타자동차)**

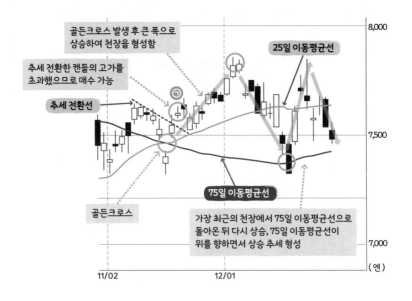

골든크로스 발생 후 큰 폭으로
상승하여 천장을 형성함

추세 전환한 캔들의 고가를
초과했으므로 매수 가능

25일 이동평균선

추세 전환선

75일 이동평균선

골든크로스

가장 최근의 천장에서 75일 이동평균선으로
돌아온 뒤 다시 상승, 75일 이동평균선이
위를 향하면서 상승 추세 형성

8,000
7,500
7,000
(엔)

11/02   12/01

'매수해도 된다'와 '매수해도 되는 곳'은 전혀 다른 이야기

패턴 Ⓐ의 골든크로스임을 알았으므로 문제 5-1 ❸의 정답은 '매수해도 된다'이다. 하지만 여기서 주의해야 할 점이 있다. **"매수해도 된다"와 "매수해도 되는 곳"은 전혀 다른 이야기**라는 것이다.

앞의 차트를 보면 ㉠의 이틀 전 큰 폭으로 하락한 것을 제외하면 단기간에 '**추세 전환**'을 하고 있다. 75일선은 아직 아래를 향하고 있지만 이미 여러 차례 저점을 찍었고 추세 전환도 했으므로 이대로 상승세가 이어진다면 오늘의 고점을 벗어나 계속 오를 것이다. 즉, 추세선을 이용한 '**추세 전환 매수법**'으로 매수하면 된다. 이것이 문제 5-1 ❹번 문제의 정답이다.

내가 '매수해도 된다'고 해서 갑자기 즉흥적으로 매수하거나 골든크로스가 발생했다는 이유만으로 안심하고 매수하는 것은 근거 없는 '묻지마 매매'일 뿐이다.

앞 페이지의 ㉠의 오른쪽 차트를 보면 주문이 체결된 뒤 조금 더 바닥을 다졌다가 힘차게 상승해 12월 초, 중순에 천장을 두 번 정도 만들면서 상승세를 이어가고 있다.

그럼 '**추세 전환 매수법**'은 무엇일까? 다음 법칙 06 에서 자세히 살펴보겠다. 그 전에 문제 5-2 를 풀어보자.

문제 5-2

상

아래 8월에 골든크로스가 나온 오리엔탈랜드(도쿄디즈니랜드와 디즈니리조트를 운영하는 기업)의 차트. 현시점에서 25일 이동평균선이 올라가 75일 이동평균선을 살짝 돌파했다. 이 골든크로스를 근거로 매수해도 될까? 문제 5-1 과 마찬가지로 현재 주가 위치를 확인하고 답을 적어보자.

해답란

❶ 현재 위치는 하락 (　　　)국면

❷ 주가 위치는 어느 패턴에 해당할까?
□ Ⓐ □ Ⓑ □ Ⓒ □ Ⓓ
□ 모두 아니다

❸ 주가 위치로 판단할 경우 이 골든크로스는
□ 매수해도 된다
□ 매수하면 안 된다

❹ 현재 위치에서의 매매 전략은
□ 주가가 75일 이동평균선으로 돌아오면 그때 매수한다
□ 주가가 75일 이동평균선으로 돌아오면 관망하거나 공매도 포인트를 찾는다.

또 현재 주가는 Ⓐ~Ⓓ 중 무엇에 해당하는지 판단하고 사도 되는지 생각해보자.

● 문제 이 골든크로스 신호를 보고 매수해도 될까? (4661 : 오리엔탈랜드)

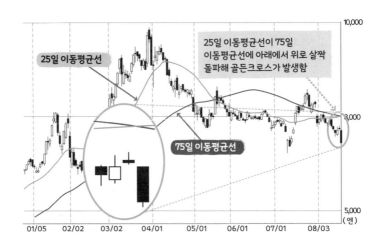

25일 이동평균선이 75일 이동평균선에 아래에서 위로 살짝 돌파해 골든크로스가 발생함

25일 이동평균선

75일 이동평균선

10,000

3,000

5,000
(엔)

01/05　02/02　03/02　04/01　05/01　06/01　07/01　08/03

5-2 해설

하락 추세에서의 골든크로스는 매수가 아니라 폭락의 시작이다

우선 주가의 위치를 분석하여 매매해도 되는지 판단하자. 75일 이동평균선을 한 번 깨고 내려가 하락 추세로 접어들지만, 저점 갱신을 두 번밖에 하지 않은 상태에서 7월 하순에 한 번 75일선을 넘어섰다. 그 후 며칠 사이에 다시 75일선을 깨고 내려갔고 25일선마저 뚫고 내려갔다. 주가가 75일선과 25일선 아래에 위치한 상태에서 골든크로스가 발생한 것이다. 이 시점에서 생각하면 문제 5-2 ①의 주가 국면은 '하락 2국면'이 진행되고 있다고 볼 수 있다.

이 시점에서는 아직 기간 조정이 충분하지 않아서 더 내려갈 가능성이 있다고 판단하는 것이 올바른 분석이다. 주가와 이동평균선의 배열 순서를 보면 25일 이동평균선 ⇒ 75일 이동평균선 ⇒ 주가 순으로 되어 있으므로 문제 5-2 ②의 문제는 패턴 ⓒ가 정답이다.

패턴 ⓒ와 같은 경우, 매수해도 되는지 아닌지 기억하고 있는가? **패턴 ⓒ는 골든크로스가 발생해도 매수하면 안 되는 패턴**이다. 실제로 그 후의 결과를 보면, 골든크로스가 일어난 직후 믿을 수 없을 정도로 폭락하여 8,000엔 가까이 있던 주가가 6거래일 만에 6,000엔 아래로 하락하고 말았다.

하락 추세에서 골든크로스가 일어나는 이유는 일시적인 '기술적 반등'

이번 골든크로스는 패턴 **ⓒ**라는 것을 알았기 때문에 문제 5-2 **③**의 투자 판단은 당연히 '**매수하면 안 된다**'가 정답이다.

패턴으로 간단하게 요약 정리했지만, 주가가 하락하고 있는데 25일선이 올라가 75일선을 상향 돌파하는 현상이 어째서 일어나는 것일까?

주가 움직임을 자세히 보면 그 이유를 알 수 있다. 저점을 갱신한 시점부터 75일선을 넘기까지 한 달도 안 되는 기간에 주가는 단숨에 상승했다. '**25일 이동평균선은 최근 한 달간의 움직임을 반영하기 때문에 한 달 사이에 주가가 급격히 상승하면 당연히 25일선이 위를 향하게 된다.**' 이것은 많은 종목에서 흔히 일어나는 일이므로 반드시 기억해두자.

● 답 맞추기 골든크로스 신호를 보고 사면 매수하면 안 되는 이유(4661 : 오리엔탈랜드)

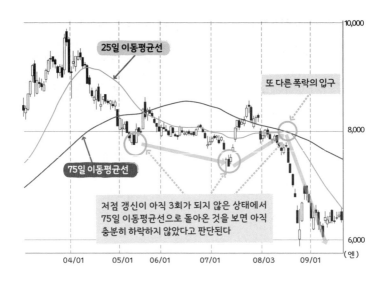

이것을 상승 또는 하강이 끝나고 상승 추세가 시작되는 신호로 생각하는 사람이 많은데, **'하락 추세에서의 골든크로스는 일시적인 요인으로 '상승'이 아니라 다음 하락을 위한 '기술적 반등'으로 해석해야'** 한다. 따라서 올바른 매매 전략은 **'아무것도 하지 않고 관망'**하거나 **'75일선으로 다시 돌아올 경우 공매도 준비를 하는'** 것이다.

대폭락을 일으키면서 3번째 저점 갱신이 이루어지면 드디어 저점을 높이면서 75일선을 아래에서 위로 뚫고 올라가는 상승 추세로 전환한다. 그러면서 최근에는 75일선 위에서 추세 전환을 하고 있다.

다음 법칙 06 에서는 문제 5-1 · 문제 5-2 에서 공통적으로 나온 '추세 전환 매매 전략'에 대해 자세히 살펴보도록 하겠다.

● 검증 **대폭락 후의 주가 변동 (4661: 오리엔탈랜드)**

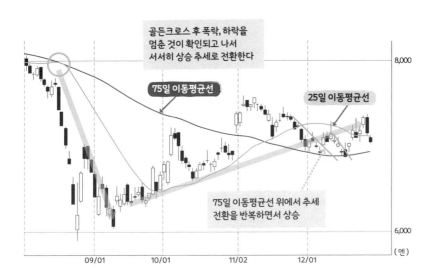

06 2국면 이후에는 추세선으로 결정한다

① 2국면 이후에는 선 하나로 자유자재로 매매한다

상승 중인 조정 기간이 끝나는 것을 확인하려면 추세선을 사용한다

첫 번째 파동이 끝나고 다음 두 번째 이후의 파동에 사려고 하면 실제 차트상에서는 대부분 75일 이동평균선 위에서 주가가 상승해서 타이밍을 놓칠 수 있다. 당황스러운 순간이지만 우리는 **추세선**이라는 마법의 선으로 그 문제를 해결할 수 있다. 다음 쪽의 그림을 보면 추세선을 경계로 조정 기조가 끝나고 상승 추세로 전환하고 있음을 알 수 있다.

추세선이 정확하게 그려지는 것은 '**이 선을 넘은 시점에서 매수 가능하며**

목 표

2국면 이후의 매매 전략은 추세선을 그어서
포인트를 정한다

참고 서적 《하루 5분 주식 첫걸음》(世界一やさしい株の教科書 1年生)
4교시

그 후에는 상승 추세를 타고 간다'는 의미이다. 2국면 또는 3국면에 진입하는 타이밍을 알려주는 그야말로 마법의 선이다.

우선 조정 기간 동안의 고점과 저점을 찾아 선을 긋는다

첫 번째 단계는 추세선 전환을 확인하고 싶은 기간 내의 가장 최근 고점과 저점을 찾아낸다. 그리고 가장 최근의 고점을 나타내는 캔들의 '몸통'을 향해 옆으로 직선을 하나 긋고 가장 최근 저점을 나타내는 캔들의 몸통을 향해 아래로 그려준다. 선을 끌고 내려가다가 저점인 캔들에 도달하기 전에 다른 캔들의 '몸통'에 부딪히면 75일 이동평균선과 만나는 지점까지 길게 당겨서 그어준다. 이 선을 **추세선**이라고 한다. 자세한 작성 방법은 다음 쪽의 그림 또는 동영상을 참조하도록 하고 여기서는 주의할 점을 정리해 보겠다.

● **상승 2국면 이후에 매수하려면 추세선을 이용한다**

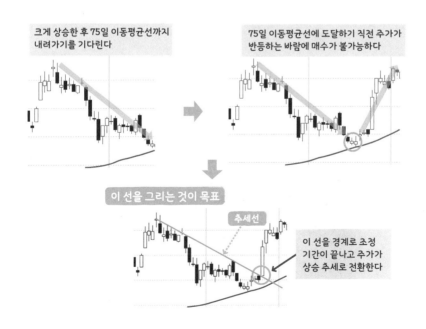

크게 상승한 후 75일 이동평균선까지 내려가기를 기다린다

75일 이동평균선에 도달하기 직전 주가가 반등하는 바람에 매수가 불가능하다

이 선을 그리는 것이 목표

추세선

이 선을 경계로 조정 기간이 끝나고 주가가 상승 추세로 전환한다

추세선을 그릴 때 주의할 점

❶ 꼬리는 전부 무시한다
❷ 꼬리가 아닌 몸통으로 추세 전환을 확인한다

선을 그리기 시작할 때는 고점의 '꼬리'가 아니라 '몸통'에서 그어야 한다. 선을 멈출 때도 꼬리가 아니라 몸통에 부딪혀야 한다. 캔들의 몸통이 추세선을 아래에서 위로 넘어가면 이날을 '추세 전환이 성립한 날'로 정의하고 이 캔들의 고가를 초과하는 지점에서 매수한다. 이때의 기준도 **꼬리가 아니라 몸통이 넘어가는 것**'이라고 반드시 기억하자.

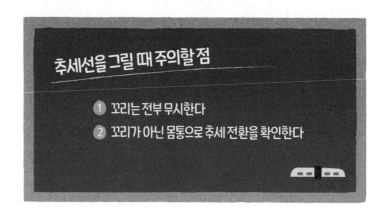

STEP 1 조정 기간의 고가와 저가를 찾아낸다

추세 전환을 확인하고 싶은 기간 내의 가장 최근의 고점과 저점을 찾는다. 이 종목은 가장 최근 천장에 도달한 시점부터 현재에 이르기까지 주가가 우상향인 75일선 위쪽에서 조정을 받고 있다. 조정 기간을 놓고 보면 천장에 해당하는 Ⓐ가 고점을 나타내는 캔들이고 Ⓑ가 가장 최근의 저점을 나타내는 캔들이다.

- Ⓐ A조정 기간 동안의 고점을 나타내는 캔들
- 조정 중
- Ⓑ 조정 기간 동안의 저점을 나타내는 캔들

STEP 2 고점에서 선을 그어 아래로 내려간다

최근의 고점인 캔들 Ⓐ의 '**몸통**'에서 옆으로 직선을 하나 긋는다. 이 선을 최근 저점을 나타내는 캔들 Ⓑ의 '**몸통**'을 향해 아래로 내려간다. 고점의 '꼬리'가 아닌 '몸통'에서 선을 시작해야 하는 점에 주의하자.

- Ⓐ의 몸통에서 옆쪽으로 선을 긋고
- Ⓑ의 저점을 향해 선을 아래로 내려간다

STEP 3 저점에 도달하기 전이라도 다른 캔들의 몸통에 닿으면 멈춘다

선을 끌고 내려가다 보면 저점의 캔들에 도달하기 전 다른 캔들의 '**몸통**'에 부딪히게 된다. 몸통에 부딪히면 더 이상 내려가지 말고 선을 75일선과 만날 때까지 길게 확장한다. 이 선을 '**추세선**'이라고 한다.

저점에 닿기 전에 다른 캔들의 몸통에 부딪히면 더 이상 내려가지 말고 선을 길게 확장한다

추세선

STEP 4 캔들이 추세선을 넘어 올라오는지 확인한다

며칠 동안 관찰하면서 캔들의 몸통이 추세선을 아래에서 위로 돌파하는지 확인한다. 이렇게 주가가 추세선을 넘어온 날을 '**추세 전환이 성립된 날**'로 정의한다. 또 몸통이 추세선을 넘어 형성된 캔들을 '**추세 전환 캔들**'이라고 부른다. 아래 그림에서는 Ⓒ의 날짜에 추세 전환이 성립되었으며 Ⓓ가 추세 전환 캔들에 해당한다.

추세 전환 성립

Ⓒ 추세 전환 캔들 (몸통의 일부가 추세선을 넘어섬)

다음은 식품제조업인 깃코만(キッコーマン)의 2015년 2월 차트다. 1회 크게 상승한 후 조정에 들어가 75일 이동평균선에 가까워지고 있다. 현재 상황을 바탕으로 현재 주가 위치를 분석하고 추세선을 그려보자. 그리고 추세선을 그려본 후 오늘 추세 전환이 성립되었는지 확인하고 여러분의 투자 판단을 해답란에 적어본다.

해답란

❶ 현재 위치는 상승 (　　　　) 국면

❷ 추세선을 그린 결과 현재 위치에서
　☐ 추세 전환을 했다
　☐ 추세 전환을 하지 않았다

❸ 위의 내용을 바탕으로 한 여러분의 투자 판단은
　☐ 당장 시장가로 매수한다
　☐ 추세 전환을 확인하고 나서 매수한다

● 문제 오늘 추세 전환이 성립되었는가? (2801 : 깃코만)

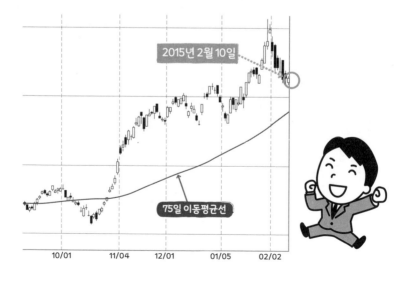

2015년 2월 10일

75일 이동평균선

10/01　　11/04　　12/01　　01/05　　02/02

6-1 해설

75일 이동평균선이 위를 향하는 상태에서
주가의 위치를 반드시 확인한다

우선 현재 위치부터 살펴보자. 주가는 75일 이동평균선이 약간 위를 향하는 시점에서 75일선을 위로 돌파하여 2015년 10월 중순까지 1국면의 움직임을 보였다. 이후 10월 하순에 75일선을 다시 깨고 내려갔다가 상승 추세가 크게 형성되어 최근의 고점에서 조정에 들어가는 중이다. 현재 국면은 상승 2국면의 마지막 움직임에 가까운 상태임을 알 수 있다. 따라서 ❶번 답은 '**상승 2국면**'이다.

다음으로 오늘까지의 조정 기간 내의 추세선을 그어보겠다. 가장 최근의 고점인 캔들 Ⓐ의 몸통에서 오늘 캔들 Ⓑ를 향해 선을 그어 내려간다. Ⓑ에 도달하기 전에 Ⓒ의 몸통에 부딪히므로 그 선을 아래로 끌고 내려간다. 선을 긋기 전에는 오늘 주가가 낮게 출발하여 상승으로 끝난 양봉이므로 추세

● **답 맞추기** 국면 분석과 추세 전환 판단 (2801 : 깃코만)

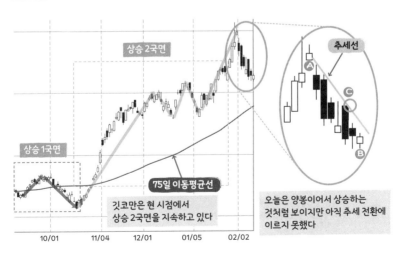

상승 2국면

추세선

Ⓐ

Ⓒ

상승 1국면

75일 이동평균선

깃코만은 현 시점에서 상승 2국면을 지속하고 있다

Ⓑ

오늘은 양봉이어서 상승하는 것처럼 보이지만 아직 추세 전환에 이르지 못했다

10/01　　11/04　　12/01　　01/05　　02/02

전환한 것처럼 보이지만 선을 그어보면 그렇지 않다는 것을 잘 알 수 있다. 아직 몸통이 추세선에 닿지 못하고 떨어져 있으므로 문제 ❷는 '추세 전환을 하지 않았다'가 정답이다.

몸통이 닿지 않고 선을 넘어서는 것도 추세 전환이다

현재 위치에서는 추세 전환을 하고 있지 않으므로 ❸투자 판단은 '지금은 매수하지 않는다. 추세 전환을 확인하고 나서 매수한다'가 정답이다.

또 가끔 투자자들을 헷갈리게 하는 경우가 있다. 다음 날 깃코만의 주가는 크게 상승하여 장 시작부터 추세선에 닿지 않고 바로 넘어섰고 그대로 쭉 올라가 양봉으로 끝났다. 결과적으로는 몸통이 닿지 않고 캔들의 저가도 추세선을 훌쩍 넘어섰다. 이렇게 '몸통을 건드리지 않은 경우에도 추세 전환을 했다고 판단해도 되냐'는 질문을 많이 받는다.

답은 '힘차게 추세 전환을 하고 있다'이다. 몸통이 추세선을 넘어선다는 표현에는 물리적으로 닿는 것뿐만 아니라 갭상승하여 추세선에 닿지 않고

● 검증 깃코만의 추세 전환 성립

추세선

2015년 2월 12일

그럼 추세 전환이 성립된 날에 하는 매수와 손절매 설정 등의 매매 기술은 어떻게 해야 할까? 법칙 07에서 자세히 살펴보자

다음 영업일인 2월 12일 갭상승하면서 추세선을 넘어섰다. 이날을 추세 전환이 성립된 날이라고 본다

넘어서는 것도 포함한다. 이것이 첫 번째 이유다.

다음으로 '힘차게'라는 표현은 심리적인 면을 생각해보면 이해하기 쉽다. 추세 전환될 때는 그 종목을 지켜보는 투자자들이 많기 때문에 매수세가 몰려 갭상승하는 경우가 종종 있다. 이것은 '너무 올라서 무섭다'가 아니라 **추세 전환으로 주목을 받아 그 기세로 상승했다**'고 생각하는 것이 맞다.

또 한 가지 주의해야 할 것은 추세 전환이 이루어졌다고 해서 다음날 바로 그 고점을 벗어나 매수가 체결된다는 보장은 없다는 것이다. 분명히 추세 전환은 했지만, 아직 망설임이 남아서 매도와 매수가 팽팽한 상황이 며칠간 계속되었다가 힘겹게 고점을 넘는 경우도 있다.

아래 깃코만의 차트를 봐도 추세 전환이 성립되고 나서 3일 후까지는 다시 조정을 받았다가 4일 후 크게 반전하여 상승했을 때 매매가 체결된다.

● **추세 전환 성립 후의 주가 변동 (2081 : 깃코만)**

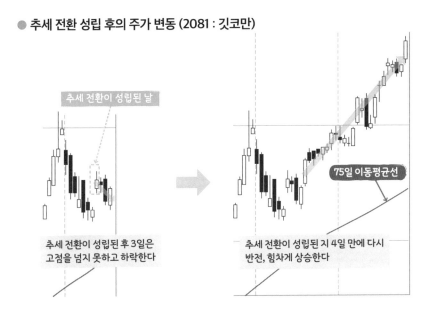

추세 전환이 성립된 날

추세 전환이 성립된 후 3일은
고점을 넘지 못하고 하락한다

75일 이동평균선

추세 전환이 성립된 지 4일 만에 다시
반전, 힘차게 상승한다

중

다음은 2014년 6월, 무인 양품 브랜드를 제조, 판매하는 양품계획의 차트다. 같은 높이에서 고점을 두 번 찍은 후 조정에 들어가 75일 이동평균선에 가까워지고 있다.

해답란

❶ 현재 위치는 상승 (   ) 국면

❷ 추세선을 그린 결과 현재 위치에서
  ☐ 추세 전환을 했다
  ☐ 추세 전환을 하지 않았다

❸ 위의 내용을 바탕으로 한 여러분의 투자 판단은
  ☐ 당장 시장가로 매수한다
  ☐ 추세 전환 매수 방식으로 매수한다

문제 6-1 과 마찬가지로 현재 상황에 따라 현재 주가의 위치를 분석하고 추세선을 그려보자. 추세선을 그린 결과 오늘 추세 전환했는지 확인하고 여러분의 투자 판단을 해답란에 적어보자.

● 문제 오늘, 주가는 추세 전환을 했는가? (7453 : 양품계획)

75일 이동평균선

2014년 6월 13일

03/03   04/01   05/01   06/02

6-2 해설

추세 전환을 확인할 때는 캔들의 몸통으로, 캔들의 색깔은 상관없다

먼저 주가 위치부터 분석해보자. 무인양품으로 유명한 양품계획은 75일 이동평균선이 아직 아래로 내려가고 있을 때 살짝 75일선을 뚫고 올라가는 상승 1국면의 패턴을 반복하고 있다. 그 후 큰 양봉이 출현하면서 본격적으로 추세가 발생했다. 같은 위치의 고점을 형성한 후 현재 위치까지 조정받는 움직임을 보인다. 이제 양품계획의 위치는 어디에 해당하는지 알 수 있을 것이다. 그렇다. 상승 2국면의 추세가 지속되고 있다. 따라서 ❶의 답은 문제 6-1 과 마찬가지로 '**상승 2국면**'이다.

다음으로 조정 기간에 추세선을 그어보겠다.

가장 최근 고점 ❹의 몸통에서 오늘의 캔들 ❸를 향해 선을 그어 내려오면 조정 기간은 짧지만 ❺에서 볼 수 있듯이 캔들의 몸통이 2번 정도 부딪혀 멈추게 된다. 자세히 보면 오늘 캔들의 몸통이 추세선을 확실하게 넘어

● 답 맞추기 **국면 분석과 추세 전환 판단 (7453 : 양품계획)**

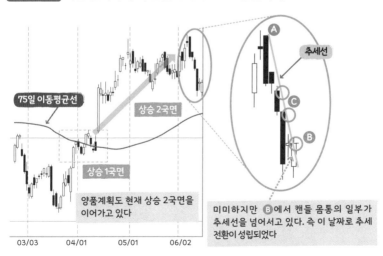

섰다. 살짝이지만 이것도 어엿한 추세 전환으로 판단할 수 있다. 따라서 ❷는 '**추세 전환을 했다**'가 정답이다. **오늘 캔들이 음봉이어도 추세 전환을 했다고 판단**한다.

추세 전환한 다음 날 매수 주문이 체결되지 않을 수도 있다

오늘 위치에서 추세 전환을 했으므로 ❸투자 판단은 '**추세 전환 매수 방식으로 매수한다**'가 정답이다. 여기도 가끔 착각하는 경우가 있으니 명확하게 짚고 넘어가자. 추세 전환이 확인되면 '추세가 바뀌어서 상승했으니까 당장 사도 된다'고 생각하는 사람들이 꽤 많은데 그렇게 설명한 적은 한 번도 없다. '**추세 전환하고 나서도 계속 상승한다면 추세 전환한 캔들을 넘어서는 것을 확인하고 매수한다**'가 정답이었다.

● 검증 양품계획의 추세 전환 성립

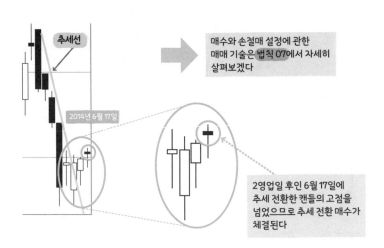

추세선

매수와 손절매 설정에 관한 매매 기술은 법칙 07에서 자세히 살펴보겠다

2014년 6월 17일

2영업일 후인 6월 17일에 추세 전환한 캔들의 고점을 넘었으므로 추세 전환 매수가 체결된다

앞의 그림에서 실제 결과를 확인해보자. 추세 전환이 성립된 날의 다음 날은 전날의 캔들에 당일 캔들을 폭 감싸면서 보합세를 보였고 이틀째가 되어서야 매수 주문이 체결되었다. 이렇게 추세가 전환되었다고 해서 다음 날 바로 매수 주문이 체결되지 않을 수도 있다. 다시 전환한다고 해서 계속 상승할 거라는 보장도 없다. 추세 전환은 했지만, 다음 날부터 다시 내려가는 일도 드물지 않다. '**추세가 전환되면 상승세가 지속되는 것을 확인하고 산다.**' 이점을 잊지 말자.

추세선을 그리는 방법은 투자를 잘할수록 필요한 기술이며 이것을 잘하면 강력한 무기를 하나 갖는 것과 같다. 추세 전환 매수가 체결된 후의 주가 변동을 관찰하면 여러 차례 상승과 조정을 거치며 추세 전환을 반복하고 있다. 추세 전환을 판단해서 매수하는 방식이 능숙해지면 이 모든 국면이 기회가 된다는 것을 알 수 있다. 이왕 배우는 김에, 또 하나 다른 패턴의 위치와 투자 판단에 대해서도 생각해보자.

● **양품계획의 추세 전환 성립 이후의 주가 변동 (7453 : 양품계획)**

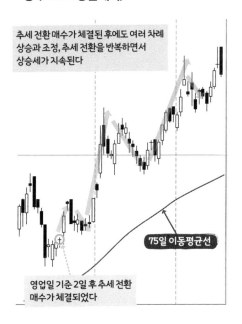

추세 전환 매수가 체결된 후에도 여러 차례 상승과 조정, 추세 전환을 반복하면서 상승세가 지속된다

75일 이동평균선

영업일 기준 2일 후 추세 전환 매수가 체결되었다

다음은 오릭스의 주가 차트다. 같은 곳에서 고점을 두 번 형성한 것은 문제 6-2 의 양품 계획과 같지만 아무래도 주가 위치가 달라 보인다. 우선 현재 상황을 바탕으로 현재 주가 위치를 분석하고 추세선을 그려보자.

추세선을 그린 뒤, 오늘 추세 전환을 했는지 확인하고 투자 판단을 해답란에 적어보자.

해답란

❶ 현재 위치는 상승 (　　　) 국면

❷ 추세선을 그린 결과 현재 위치에서
　☐ 추세 전환을 했다
　☐ 추세 전환을 하지 않았다

❸ 위의 내용을 바탕으로 한 여러분의 투자 판단은
　☐ 당장 시장가로 매수한다
　☐ 추세 전환을 확인하고 나서 매수한다

● 문제 **오늘 추세 전환이 성립했는가? (8591 : 오릭스)**

75일 이동평균선

6-3의 해설

큰 상승 추세에 올라타지 못했어도 괜찮다

먼저 현재 상황이 어느 국면에 있는지 분석해 보자. 오릭스 차트에서 특징적인 것은 75일 이동평균선을 돌파하자마자 크게 상승 추세를 형성했다는 점이다. 아직 아래를 향하고 있는 75일선에 한 번 닿았다가 다시 하락했고 그 후 다시 75일선으로 접근한다.

이 상황에서 75일선을 위로 뚫고 올라가 크게 상승한다. 한 달 정도에 걸쳐 큰 폭으로 상승하는 움직임을 반영하여 아래를 향하던 75일선이 고개를 들고 올라간다. 같은 위치에서 2회 고점을 형성한 뒤 조정에 들어가 75일선으로 돌아간다. 75일선에 닿은 오늘의 상황은 아직 추세가 막 시작된 '**상승 1국면**'으로 분류할 수 있다.

● **답 맞추기** 추세 전환 성립 (8591 : 오릭스)

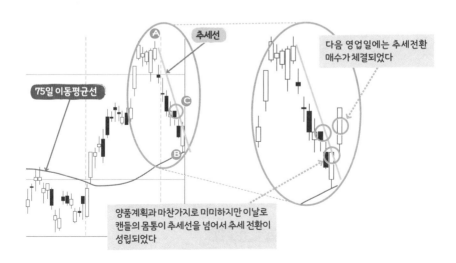

087

따라서 **❶**번 답은 '**상승 1국면**'이고 여기서 추세 전환을 하면 '**상승 2국면**'으로 돌입한다. 이 큰 폭의 상승을 보고 '아, 놓쳤다! 아까워라'하고 포기하는 사람이 많은데 이 국면을 이해하면 추세가 앞으로도 지속된다는 것을 알 수 있다.

이상적인 추세선은 75일 이동평균선 근처에서 전환한다

다음에는 조정 기간에서 추세선을 그어보겠다. 상승 추세가 급하게 진행된 것도 한몫해서 7영업일 정도에는 75일선까지 다시 내려갔다. 75일선에 닿은 오늘의 저가 **B**를 향해 가장 최근의 고가 **A**의 몸통에서 선을 그어 내리면 **C**의 몸통에 부딪혀 멈추게 된다. 선을 75일선 아래까지 길게 끌어당기면 오늘 캔들의 몸통이 추세선을 넘고 있음을 알 수 있다.

따라서 **❷**번 문제는 '**추세 전환을 했다**'가 정답이다. 게다가 오늘 캔들은 아래 꼬리를 달면서 저가가 75일선을 터치하고 반등하면서 '**추세 전환을 하**

● 검증 **추세 전환 후의 결과 (8591 : 오릭스)**

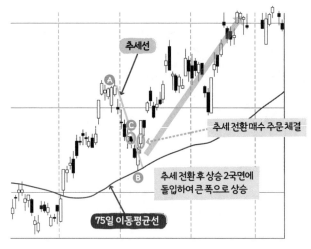

고 있다. 그야말로 교과서에 나오는 정석'이다. 음봉의 경우여도 그와 상관없이 추세가 전환되었다고 판단한다.

또한 오늘 위치에서 추세 전환을 했으므로 ❸투자 판단은 '**추세 전환 매수 방식으로 매수한다**'가 정답이다.

다음날 움직임을 보면 추세 전환한 캔들이 추세선을 넘어서 매수 주문이 체결되었다. 또 75일선에 닿았으므로 손절매 설정을 하기도 쉽고 손절매 금액도 적은 편이다. 이 예시에서 알 수 있듯이 **가장 이상적인 추세 전환은 75일 이동평균선에 최대한 가까운 곳에서 일어나는 형태**다.

다음 법칙 07 에서는 문제에 나온 종목의 예를 이용해 추세 전환이 확인된 후 매수하는 포인트와 손절매 설정을 자세히 살펴보겠다.

● 추세가 전환된 후에도 다시 기회가 온다 (8591 : 오릭스)

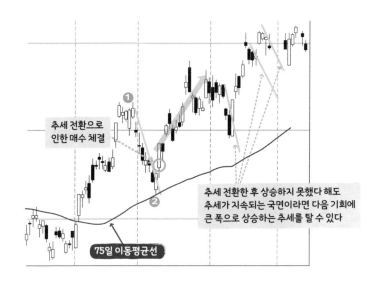

추세 전환으로
인한 매수 체결

추세 전환한 후 상승하지 못했다 해도
추세가 지속되는 국면이라면 다음 기회에
큰 폭으로 상승하는 추세를 탈 수 있다

75일 이동평균선

07 추세선 매매 포인트는 고가와 저가로 결정한다

❶ 추세 전환 매수는 고가에서, 매도는 저가에서

매매 포인트 설정은 추세 전환을 확인한 후

추세선에 관해 실수하기 쉬운 것은 언제, 얼마에 매수하느냐이다. 여기서 그 부분을 잘 이해하고 틀리지 않도록 하자.

먼저 '**매수 주문을 설정하는 타이밍**'을 살펴보자. 추세선을 그어 캔들의 몸통이 그 선을 넘어오는 캔들이 나타나면 그날을 추세가 전환된 날이라고 한다. '**추세가 전환된 날**'이란 말 그대로 '**상승 추세로 바뀌었을 가능성이 있는 날을 의미하며 '매수하는 날'은 아니다.**' 매수일은 이 캔들의 고가를 넘어서는 다음날 이후가 된다.

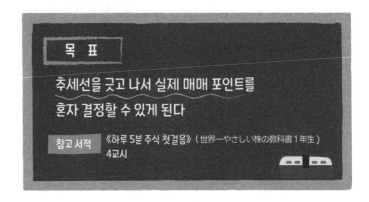

목 표

추세선을 긋고 나서 실제 매매 포인트를 혼자 결정할 수 있게 된다

참고 서적 《하루 5분 주식 첫걸음》(世界一やさしい株の教科書 1年生) 4교시

| STEP 1 | **STEP 1 매수 가격을 설정한다** | STEP 2 | **주문 체결을 확인한다** |

STEP 1 매수 가격을 설정한다

75일선을 아래에서 위로 뚫고 올라갈 때 매수하는 것과 같은 요령이다. 우선 추세선을 뚫고 올라간 캔들 Ⓐ의 고가를 아래에서 위로 넘어서는 지점에서 매수 자동감시주문을 낸다. 예를 들어 Ⓐ의 고가가 100엔인 경우, 감시주문은 '101엔 이상이 되면 101엔에 매수한다'로 설정한다.

STEP 2 주문 체결을 확인한다

상승이 시작되는 신호는 Ⓐ의 고가를 넘어 그대로 올라가는 모습을 보일 때다. 다음날 당장 주문이 체결되지 않아도 며칠 기다리다 보면 주가가 넘어서는 경우도 많으므로 주문 기간을 1주일 정도로 잡아서 체결이 되었는지 매일 확인한다. 이 예는 다음 날 바로 101엔에 매수가 체결된(Ⓑ)상황을 나타낸다.

이제 다음 단계는 무엇일까? '**새로 이익을 내기 위한 전략을 배웠다면 반드시 그와 짝이 되는 손절매 방법을 알아둬야**' 한다. 이 경우에도 새롭게 매수 기회를 늘리는 방법을 알게 되었으므로 다음 단계는 당연히 손절매 설정으로 넘어가게 된다.

STEP 3 **손절매를 설정한다**

손절매는 75일 이동평균선을 넘었을 때 하는 매도 전략과 동일하다. 주문이 체결된 날의 75일선 가격 밑으로 손절매 설정을 하면 된다. 이날의 가격 정보를 보면 75일선이 95엔에 위치한다. 손절매 설정은 75일선을 아래로 깨고 내려가는 94엔 이하로 조건을 잡아야 한다. 여기에서도 자동감시주문을 활용하여 '95엔 이하로 떨어지면 93엔에 매도한다고 설정한다.

기준은 항상 고점을 초과한 가격, 추세 전환한 당일에는 매수하지 않는다

상승 추세로 바뀌어 기세가 오른다면 고점을 넘어가겠지만 그게 다음날이 될지, 며칠 뒤가 될지는 아무도 알 수 없다. 추세 전환은 했지만, 다음 날 하락하면서 조정을 받을 수도 있다.

성급하게 매수하지 말고 자동감시주문으로 고점을 초과하는 가격으로 설정한 다음 차분히 기다리자. 아래 그림에서는 ❸의 고가가 100엔인 경우, 101엔 이상이 되면 매수한다고 설정했다.

손절매는 저가에, 저가가 비슷한 경우에는 더 낮은 캔들을 선택한다

추세 전환에 따른 매수가 체결하면 가장 먼저 손절매를 설정해야 한다.

● 여러 캔들의 저가가 비슷하게 배열된 경우에는 더 낮은 가격을 손절매 지점으로 잡는다

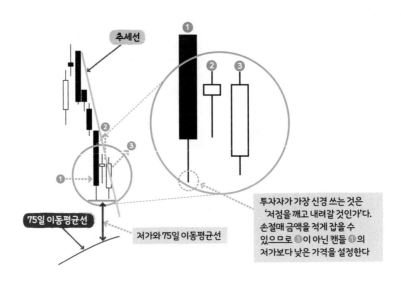

추세선

75일 이동평균선

저가와 75일 이동평균선

투자자가 가장 신경 쓰는 것은 '저점을 깨고 내려갈 것인가'다. 손절매 금액을 적게 잡을 수 있으므로 ❸이 아닌 캔들 ❶의 저가보다 낮은 가격을 설정한다

본문에서는 75일선 근처에서 추세 전환하는 경우를 설명했는데 아래 그림과 같이 75일선에서 떨어진 곳에서 추세 전환하면 손절매 금액이 너무 커진다. 이 경우 추세선을 그은 캔들의 가장 최근 저가가 깨지는 곳으로 설정한다.

특히 그림과 같이 ❶~❸의 저가가 거의 비슷한 지점에 배열되어 있다면 낮은 쪽(❶)을 손절매 설정 기준으로 잡자. 가끔 **손절매 금액이 적어서 ❸을 선택하는 사람들을 볼 수 있지만 투자자들이 신경 쓰는 것은 캔들의 저가라는 점을 일지 말자.**

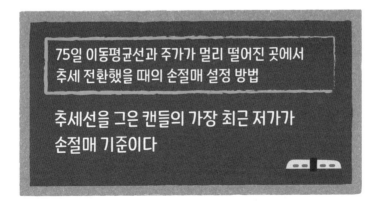

75일 이동평균선과 주가가 멀리 떨어진 곳에서
추세 전환했을 때의 손절매 설정 방법

추세선을 그은 캔들의 가장 최근 저가가
손절매 기준이다

문제 7-1

다음은 문제 6-2 에서 추세선을 그은 양품계획의 차트다. 이 차트에서 추세 전환 시 매매 포인트를 자세히 살펴보겠다. 먼저 법칙 06 의 해설을 읽지 말고 스스로 추세선을 그어보자. 답을 먼저 읽지 말고 반드시 스스로 고쳐보자. 전환선과 차트에 표시된 가격 정보를 참고하여 매수 가격과 손절매 가격을 계산한다.

해답란

❶ 추세 전환을 확인 후 자동감시주문으로 매수 주문을 설정할 때 가격은
- 6월 (   )일의 (□ 고가 □ 저가)
  (   )엔을 (□ 위 □ 아래)로 뚫는다
- (   )엔 (□ 이상 □ 이하)가 되면 매수한다

❷ 자동감시주문으로 매수 주문이 체결되면 손절매 설정 가격은
- 6월 (   )일의 (□ 고가 □ 저가)
  (   )엔을 (□ 위 □ 아래)로 뚫는다
- (   )엔 (□ 이상 □ 이하)가 되면 매도한다

● 문제 **추세 전환과 매매 전략 ❶ (7453 : 양품계획)**

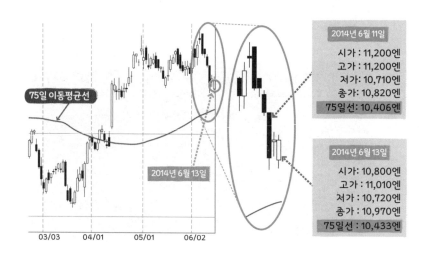

7-1 해설

고가를 초과했을 때 매수. 주문 가격 설정 시에는 호가 단위에 맞춰서

법칙 06 의 내용을 다시 보지 않고 끝까지 했는가? 추세선은 한 번 익히면 간단하면서도 전 세계 주식시장에서 사용할 수 있는 매우 강력한 무기다. 혼자서도 자유자재로 추세선을 그을 수 있도록 연습하자.

아래 오른쪽 그림의 추세선을 보면 오늘 추세 전환했음을 알 수 있다. 매수 가격은 추세 전환이 성립된 날의 고가 기준으로 설정하므로 6월 13일의 캔들 가격을 기준으로 설정한다.

6월 13일의 고가가 11,010엔이므로 그 고점을 위로 넘어서는 '**11,020엔 이상이 되면 산다**'가 올바른 매수 주문 설정이다. 1엔 비싼 11,011엔 아니냐고 생각할 수도 있지만 일본에서는 주당 1만엔 이상인 종목은 100엔 단위로 주문할 수 있다는 호가 규정이 적용된다. 다만 **TOPIX100**에 해당하는 종목

● 답 맞추기 **고가를 초과한 가격으로 매수한다 (7453 : 양품계획)**

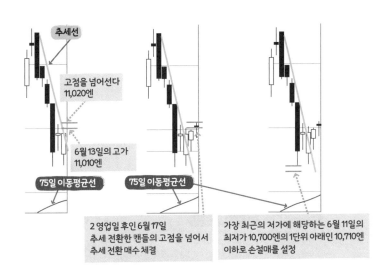

은 1엔 단위로도 주문이 가능하다. 인터넷상에서 주문을 설정할 때 1엔 단위 주문이 안 되면 호가 단위 규정을 떠올리도록 하자.

호가에 대한 상세한 내용은 도쿄증권거래소의 정보를 참고하기 바란다.

> 일본거래소 그룹 : TOPIX 100 구성 종목의 호가 단위가 변경됩니다 (http://www.jpx.co.jp/news/1030/nlsgeu0000016dib-att/Japanese1.pdf)

손절매는 저점, 추세 전환한 날이 아닌
가장 최근의 저점으로 설정한다

매수 주문을 설정한다고 해서 다음 날 체결된다는 보장이 없다는 점은 법칙 06 에서 이미 설명했다. 이 예에서는 다음날 횡보하다가 2일째에 설정한 가격을 초과하여 매수 주문이 체결되었다.

● 검증 추세 전환하여 상승세를 이어가고 있다 (7453 : 양품계획)

그 후 순조롭게 상승세를
이어간다

75일 이동평균선

매수 주문이 체결되고 장이 끝난 뒤 손절매를 위한 매도 주문을 계산하여 설정한다. 양품계획의 경우 75일 이동평균선과 떨어진 곳에서 추세 전환에 따른 매수 주문이 체결되었으므로 75일선 아래로 손절매 가격을 설정하면 손절매 금액이 너무 커진다. 이래서는 '손실은 작게, 이익은 크게'라는 기본 원칙에 부합하지 않으므로 가장 최근의 저점 가격으로 설정한다. 6월 13일과 이틀 전인 6월 1일이 거의 같은 곳에서 저점을 형성했지만, 법칙 07 에서 설명한 대로 여러 개의 캔들이 비슷하게 배열된 경우에는 주가가 더 낮은 쪽을 선택한다.

6월 11일 캔들의 저가가 1만 710엔이므로, 그보다 1단위 아래 호가에 해당하는 **'1만 700엔 이하가 되면 매도'**라고 주문하는 것이 올바른 손절매 설정 방법이다. 그 후에는 결과에서 보듯이 75일 이동평균선 위에서 순조롭게 상승해갔다.

● **10엔 차이지만 더 낮은 쪽을 손절매 가격으로 정하는 이유**

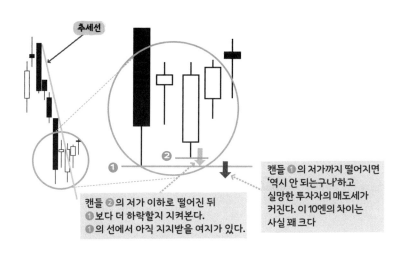

추세선

① 캔들 ❷의 저가 이하로 떨어진 뒤
❶보다 더 하락할지 지켜본다.
❶의 선에서 아직 지지받을 여지가 있다.

캔들 ❶의 저가까지 떨어지면 '역시 안 되는구나'하고 실망한 투자자의 매도세가 커진다. 이 10엔의 차이는 사실 꽤 크다

문제 7-2

상

다음은 일본의 식품업체 야오코의 차트다. 75일 이동평균선이 우상향 추세를 보이지만 지금은 주가가 75일선으로 돌아오는 움직임을 보인다. 추세선을 긋고 그 선과 차트에 표시된 가격 정보를 참고하여 매수 가격과 손절매 가격을 계산해 보자.

해답란

❶ 추세선을 그린 결과, 오늘은
　□ 추세 전환을 했다
　□ 추세 전환을 하지 않았다

❷ 추세 전환을 확인 후 자동감시주문으로 매수 주문을 설정할 때 가격은
• 9월 (　　) 일의 (□ 고가 □ 저가)
　(　　)엔을 (□ 위 □ 아래)로 뚫는다
• (　　)엔 (□ 이상 □ 이하)가 되면 매수한다

❸ 자동감시주문으로 매수 주문이 체결되면 손절매 설정 가격은
• 9월 (　　) 일의 (□ 고가 □ 저가)
　(　　)엔을 (□ 위 □ 아래)로 뚫는다
• (　　)엔 (□ 이상 □ 이하)가 되면 매도한다

● 문제 **추세 전환과 매매 전략 ❷ (8279 : 야오코)**

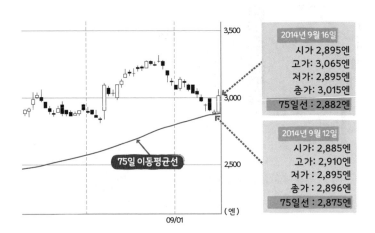

2014년 9월 16일
시가 2,895엔
고가: 3,065엔
저가: 2,895엔
종가: 3,015엔
75일선: 2,882엔

2014년 9월 12일
시가 2,885엔
고가: 2,910엔
저가: 2,895엔
종가: 2,896엔
75일선: 2,875엔

75일 이동평균선

3,500
3,000
2,500
(엔)
09/01

7-2 해설

다음 날 추세 전환하지 않을 수도 있으므로 매수 주문은 2, 3일 계속 설정해둔다

이 차트에 추세선을 그어보면 매우 이상적인 형태로 추세 전환을 하고 있음을 알 수 있다. 전날 캔들의 저가가 75일 이동평균선에 닿았지만 깨고 내려가지 않고 다음 날 양봉으로 크게 상승한다. 추세선을 그으면 이틀 전과 6일 전 음봉에 부딪혀 멈췄다가 오늘의 긴 양봉을 만들면서 추세선을 넘어갔다.

매수 주문은 추세 전환한 날의 고점을 넘는 곳이므로 9월 16일의 고가 3,065엔을 아래에서 위로 뚫고 올라가는 호가 1단위 위가 매수 지점이다. 여기서도 호가를 고려하면 '**3,070엔 이상이 되면 매수한다**'가 올바른 매수 주문 가격이다.

● 답 맞추기 1 추세 전환에 2, 3일 걸릴 수 있다 (8279 : 야오코)

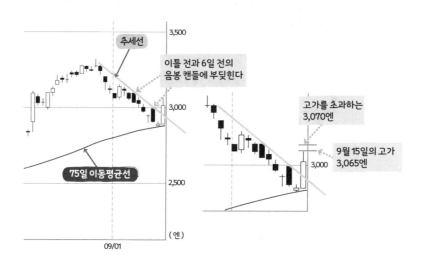

다음 날은 주춤거리는 음봉이 나타났다가 이틀 후인 9월 18일에 고점을 초과하여 주문이 체결되었다. '다음 날 매수 주문이 체결되지 않을 경우 언제까지 기다려야 하나요?'와 같은 주문 유효기간도 자주 받는 질문 중 하나. 답은 '매수 주문이 체결될 때까지'이다. 이렇게 말하면 애매해질 수 있으니 일단 기준을 정한다. 대부분 **'2, 3일 내에 고가를 넘어서 주문이 체결'**된다. 반대로 사흘이 지나도 추세선을 넘지 못하면 상승세가 아직 충분하지 못한 경우로 주가가 다시 하락할 수 있다.

최상의 추세 전환은 손절매 금액도 적다

매수 주문이 체결되었으니 이제 손절매를 설정해보자. 문제 7-1 과 다른 것은 ❶75일 이동평균선에 완전히 근접한 곳에서 추세를 전환했고, ❷조정 받는 캔들(추세선을 긋기 시작한 첫 번째 캔들의 선부터 실제로 추세를 전환하기까지 그 사이에 있는 킨들의 수)이 10개 이상(즉 10거래일 이상) 있으므로 충분한 조정을 거쳤다는 점이다.

● 답 맞추기 2 추세 전환된 지 이틀 후 매수 주문이 체결되면 손절매를 설정한다
　　　　　　　　(8279 : 야오코)

9월 18일 고가를 초과한
3,070엔에 매수 주문 체결

가장 최근의 저가와 75일 이동평균선이
겹치는 9월 12일의 저가 2,875엔의 호가
1단위 아래인 2,870엔 이하로 손절매 설정

추세선을 그을 때의 저가에 해당하는 9월 12일 캔들의 저가를 확인하면 2,875엔으로, 딱 75일선과 같은 가격이라는 것을 알 수 있다. 이런 위치면 손절매 설정을 쉽게 할 수 있을 뿐 아니라 손절매가 되었을 때의 손실 금액도 적어질 것이다. 2,875엔의 1단위 이하인 **'2,870엔 이하가 되면 매도한다'**라고 손절매를 설정하면 된다.

지난 거래에서 수익을 낸 투자자들은 다시 한번 이 종목을 매수할 생각으로 지켜보고 있을 것이다. 충분히 조정을 받은 주가가 75일선에 닿음과 동시에 추세 전환이 되었다는 기술적 신호가 투자자들의 주목을 받으면서 그 이후로는 순조롭게 상승한다. 차트에서 결과를 확인하면 추세 전환에 따른 매수 주문이 체결된 후 2개월 정도 지난 시점에 3,500엔을 넘어섰다.

다음 문제에서는 추세 전환 후 순조롭게 올라간 상승 2국면 다음에 찾아올 상승 3국면의 장세 판단과 투자 전략에 관해 자세히 살펴보도록 하겠다.

● 검증 **추세 전환과 매매 포인트 (8279 : 야오코)**

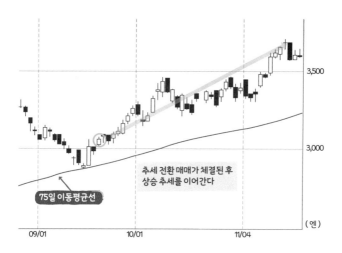

추세 전환 매매가 체결된 후 상승 추세를 이어간다

75일 이동평균선

(엔)

09/01 10/01 11/04

추세선에 따른 매매 설정은 매우 중요한 주제이기 때문에 추가 문제를 두 개만 더 내보겠다. 문제7-1 문제7-2 처럼 추세선을 그려보면서 매매 전략을 생각해보자. 문제와 해답이 각각 다른 쪽에 있으므로 정답을 보기 전에 반드시 스스로 풀어보자. 해답을 보고 이해하는 것과 스스로 풀어보는 것은 전혀 효과가 다르기 때문이다.

● 문제 1 추세 전환과 매매 전략 ❸ (8591: 오릭스) ● 문제 2 추세 전환과 매매 전략 ❹
(2801 : 깃코만)

2013년 10월 8일
시가: 1,465엔
고가: 1,510엔
저가: 1,452엔
종가: 1,503엔
75일선: 1,450엔

75일 이동평균선 (엔)

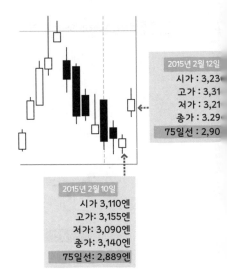

2015년 2월 12일
시가: 3,23
고가: 3,31
저가: 3,21
종가: 3.29
75일선: 2,90

2015년 2월 10일
시가 3,110엔
고가: 3,155엔
저가: 3,090엔
종가: 3,140엔
75일선: 2,889엔

보너스 문제 해설

이 책의 내용보다 더욱 자세한 설명을 듣고 싶다면 특별 동영상 사이트를 확인해보자. 책에 나오지 않는 중요한 내용도 함께 설명하고 있다.

특별 동영상 ❷ 추세선을 활용한 주식 거래!

(http://www.tbladvisory.com/book003)

● 답 맞추기 추세 전환 후의 매수 주
문과 손절매 설정 (8591
: 오릭스)

● 답 맞추기 추세 전환 후의 매수 주문과 손
절매 설정 (2801 : 깃코만)

10월 8일의 고가를 넘어선 1,511엔 이상이 되면 매수한다

2013년 10월 8일
시가 : 1,465엔
고가 : 1,510엔
저가 : 1,452엔
종가 : 1,503엔
75일선 : 1,450엔

75일 이동평균선

가장 최근의 저가와 75일 이동평균선이 근접해 있으므로 75일선이 깨지는 지점에 손절매를 설정한다. 1,450엔의 1단위 아래인 1,449엔 이하로 손절매를 설정한다

2월 12일 캔들의 고가를 초과하는 3,315엔 이상이 되면 매수한다

2015년 2월 12일
시가 : 3,230엔
고가 : 3,310엔
저가 : 3,210엔
종가 : 3,290엔
75일선 : 2,904엔

2015년 2월 10일
시가 : 3,110엔
고가 : 3,155엔
저가 : 3,090엔
종가 : 3,140엔
75일선 : 2,889엔

최근 캔들의 저가와 75일 이동평균선이 떨어져 있으므로 최근 캔들의 저가가 깨지는 지점에 손절매를 설정한다. 3,090엔의 1단위 이하인 3,085엔 이하에 손절매를 설정한다

103

08 마지막 상승 국면은 수익을 확정하는 지점

❶ 상승 중에 나오는 뉴스나 종목 추천은 과열의 시작. 매수가 아니라 수익을 확정한다

상승 2국면이 계속되는 가운데 뉴스가 나왔을 때는 일단 깊이 생각하자

상승 2국면의 수익 확정이 일단락되면 주가는 우상향하는 75일 이동평균선을 다시 돌파하며 더욱 상승한다.

또 75일선으로 돌아오는 도중에 반등해서 다시 상승하기도 한다. 그럴때는 법칙 07 에서 공부한 **추세선에 따른 매매 방법**을 사용한다. 상승 2국면을 거쳐 추세 전환 매매가 몇 번 성공하면 그 종목에 대해 관심을 두는 사람

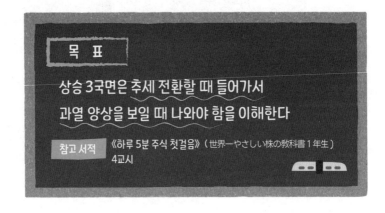

목 표

상승 3국면은 추세 전환할 때 들어가서

과열 양상을 보일 때 나와야 함을 이해한다

참고 서적 《하루 5분 주식 첫걸음》 (世界一やさしい株の教科書 1年生)
4교시

들이 늘어난다. 대중의 관심이 쏠려서 어떤 계기로 불이 붙으면 순식간에 타오른다.

그 와중에 긍정적인 뉴스가 나왔을 때가 개인투자자들이 조심해야 하는 국면이다.

긍정적인 뉴스는 매수가 아니라 매도의 재료

상승 2국면까지 주가가 순조롭게 치고 나가면 증권사와 금융업계 잡지 등에서 종목 추천을 하는 경우가 늘어난다. 또한 긍정적인 뉴스가 들어오면 더 많은 개인투자자들이 그 종목의 존재를 알게 된다. 이렇게 되면 순식간에 매매 참여자가 늘어나기 때문에 주가가 가파르게 오르면서 과열 양상을 보인다. 많은 개인투자자들이 '상투 잡기'를 경험하는데 그것은 이 국면에서 들어오기 때문이다. 나중에 뒤돌아보면 그곳은 들어가는 곳이 아니라 수익을 늘려서 실현하는, 즉 매도를 고려하는 타이밍이었음을 깨닫게 된다.

● **그랜빌의 법칙과 주가 사이클**

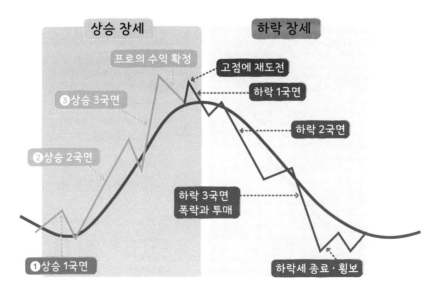

105

과열임을 알았으면 그에 맞춰 행동하면 된다

그럼 좋은 소식이 들려오면 어떻게 행동해야 할까? 다음 두 가지를 확인하고 앞으로 어떻게 할지 방침을 정하면 된다.

---

❶ 뉴스가 나오면 곧바로 매수하지 말고 주가의 위치를 확인한다

❷ 주가 위치가 상승의 최종 국면인 경우

   🅐 그 종목을 보유하고 있다면 과열이 끝나는 것을 확인하고 수익을 확정한다

   🅑 보유하고 있지 않다면 넘어가거나 단기 승부라는 것을 결정하고 매수한다

● 추세가 지속되는 동안 뉴스가 나왔을 때 전략 세우기

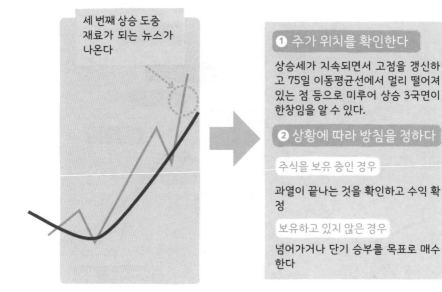

세 번째 상승 도중 재료가 되는 뉴스가 나온다

❶ 주가 위치를 확인한다

상승세가 지속되면서 고점을 갱신하고 75일 이동평균선에서 멀리 떨어져 있는 점 등으로 미루어 상승 3국면이 한창임을 알 수 있다.

❷ 상황에 따라 방침을 정하다

주식을 보유 중인 경우

과열이 끝나는 것을 확인하고 수익 확정

보유하고 있지 않은 경우

넘어가거나 단기 승부를 목표로 매수한다

문제 8-1

중

다음은 2015년 1월부터 계속 상승한 시세이도의 차트다. 2015년 7월 31일 경상이익을 기존 예상치의 266% 상향 조정한다는 뉴스가 나왔다. 다음 영업일인 8월 3일에는 수익 확정에 밀려서 크게 하락했지만, 서서히 화제가 되어 최종적으로는 큰 폭으로 상승했다. 이 차트를 토대로 현재 위치를 확인한 후 자신의 투자 방침을 해답란에 적어보자.

해답란

❶ 현재 위치는 상승 (   )국면

❷ 이 뉴스에 의해 상승하는 움직임은 상승 (   )국면

❸ 당신의 투자 방침은?
_____
_____

❹ 그 후 예상되는 주가 움직임을 차트 옆에 그려보자.

● **문제** 상승 추세가 지속되는 동안 뉴스가 나왔을 때의 전략 (4911 : 시세이도)

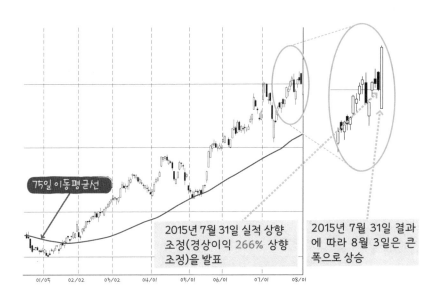

75일 이동평균선

2015년 7월 31일 실적 상향 조정(경상이익 266% 상향 조정)을 발표

2015년 7월 31일 결과에 따라 8월 3일은 큰 폭으로 상승

상승 3국면의 시작은 몰라도 과열 양상만 파악할 수 있으면 된다

이 차트는 사실 꽤 어려운 문제에 속한다. 강연에서도 문제를 내보면 백이면 백 상승 1국면과 2국면의 경계, 그리고 상승 3국면이 어디부터 시작되었는지에 대해 크게 의견이 갈린다. 심할 때는 말다툼이 벌어지기도 한다. 이 문제를 푼 여러분도 그림을 보고 수긍이 가지 않을 수도 있다. 상승 1국면이 너무 길다, 2국면이 더 짧다니 어떻게 된 거지? 하고 제각기 다양한 의견이 나온다.

그러나 여기서 중요한 것은 상승 3국면이 시작된 시기가 아니라 **'주가 움직임이 과열인지 아닌지를 판단할 수 있느냐**'는 것이다. 상승 3국면이라는 용어가 아니라 주가 위치로 볼 때 이 시점에서 나온 뉴스에 의한 움직임은 분명히 과열이라는 것을 알 수 있고, 자신의 행동이 결정할 수 있다면 문제 없다.

● 답 맞추기 추세가 지속될 때 주가의 위치 (4911 : 시세이도)

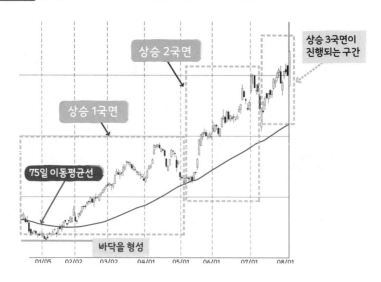

주가의 향후 움직임이 보인다면 행동방침이 자동으로 정해진다

그럼 이후의 움직임은 어떻게 될까? 현재 주가의 위치는 상승의 3국면이 진행되는 상황으로, 앞으로의 주가 변동은 아래 그림처럼 가정할 수 있다. 상승 3국면이 완성되어 과열 분위기가 정점에 이르면 (**①**) 수익을 확정하는 움직임이 나타나 주가는 빠른 속도로 내려간다(**②**). 그리고 다시 매수세가 들어와 상승하지만, 전고점에 도달하지 못하고 다시 하락한다. 여기서는 실망 매물과 공매도로 이익을 취하려는 투자자들이 들어오기 때문에 하락세에 가속도가 붙는다(**③**).

이렇게 주가의 움직임을 가정한다면 어떻게 행동해야 할까? '**그 주식을 보유하고 있지 않다면 여기서 신규 매수하는 것은 삼간다**'가 올바른 행동이다. 반대로 '**이미 보유하고 있다면 마지막 상승 국면을 느긋하게 즐긴 후, ②의 움직임이 나올 때 수익을 확정하는**' 것이 현명하다.

● **검증** 상승 3국면 이후 주가는 어떻게 될까? (4911 : 시세이도)

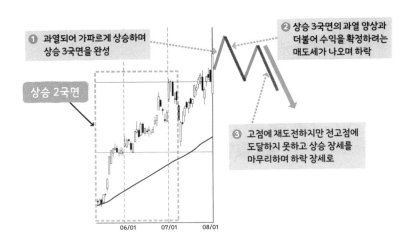

109

상

문제 8-2

다음은 문제 8-1 에서 분석한 차트의 움직임을 나타낸다. 여러분은 뉴스가 나와 폭등하는 주가 변동에 혹해서 장대양봉이 나온 다음 날에 불나방처럼 뛰어들어 이 종목을 매수했다. 그 후의 움직임은 매수한 뒤 며칠 동안은 등락을 심하게 반복하면서 보합세를 보이다가 급격히 하락하기 시작했다. 주가의 위치를 근거로 생각할 때 여러분이 해야 하는 행동은 무엇인지 해답란에 적어보자.

해답란

❶ 천장에서 매수한 투자자가 해야 할 행동은
  □ 반등하기를 기다린다
  □ 손절매한다

❷ 손절매를 택한 경우, 적절한 손절매 지점은?

● 문제 **천장권에서 매수한 뒤 주가는 어떻게 될까? (4911 : 시세이도)**

❶ 뉴스가 나와서 크게 상승한 다음 날 즉흥적으로 매수

❷ 매수 후 며칠간은 천장권에서 등락을 반복하면서 횡보한다

❸ 횡보한 뒤 급격히 하락한다. 도중에 반등하는 듯 보이지만 다시 하락하기 시작한다

75일 이동평균선

07/01   08/01

8-2 해설
천장권의 전형적인 움직임이 나온다면 즉시 손절한다

이 문제를 보고 설마 반등하기를 기다린다를 택한 사람은 없을 거라고 믿는다. 이 종목의 움직임은 위치, 나타나는 캔들의 패턴으로 보아도 전형적인 상투권의 움직임을 보인다. 상황에 끌려 즉흥적으로 매수하자 당분간은 천장권에서 횡보한다. 여기서 방심하고 있으면 어느 날 갑자기 장대음봉이 나타난다. 과열 양상임을 확인하고 잠시 관망하던 고수들이 더이상 고점을 갱신하지 못한다는 것이 확인되면 우르르 수익 확정을 위해 매도하기 시작한다. 이렇게 장대음봉이 나타나면 이제 개인투자자들도 서둘러 수익을 실현한다. 그 기세가 강하면 전날 종가보다 낮은 주가로 시작해 더 하락하는 이른바 '갭하락'이 발생한다.

● **답 맞추기** 천장권의 전형적인 움직임 (4911 : 시세이도)

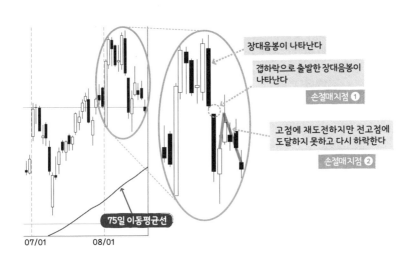

투자자들을 더욱 현혹시키는 것은 하락하는 도중에 나타나는 고점에 재도전하는 움직임이다. 이 종목의 경우, 이틀간 양봉이 나타나며 기세 좋게 반등하는 것처럼 보이지만 이후에는 반전하면서 더 심하게 하락한다. '**고점에 재도전하는 데 실패했다면 무슨 일이 있어도 즉시 손절매**'라고 기억하자.

천장권에서의 손절매 포인트는 2가지

고점 재도전에 실패하고 다시 하락하기 시작하는 움직임을 보고도 꼼짝하지 않고 있으면 끔찍한 결말이 기다리고 있다.

천장의 전형적인 움직임을 알게 된 시점에서 손절매 포인트에 대해 생각해보자. 첫 번째 손절매 포인트는 '**장대음봉이 나타나고 갭하락하면서 연이어 장대음봉이 나타나는 것이 확인된 후**'이다(그림 중 손절매 포인트❶).

여기서도 로스컷을 하지 못하고 고점에 재도전하는 주가를 보면서 흐뭇해하는 당신, 큰 대가를 치르기 전에 '**전고점에 도달하지 않고 다시 하락하는 것**

● 검증 **시세이도의 실제 주가 변동과 장세 변화 (4911 : 시세이도)**

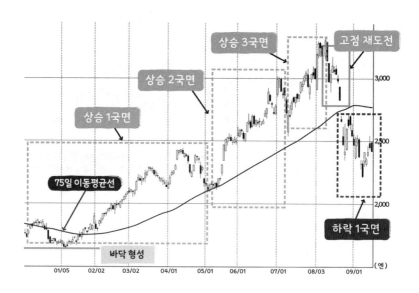

을 확인'했다면 적어도 여기서는 손절매를 하도록 하자(그림 중 손절매 포인트❷).

손절매를 하지 않았을 경우 무슨 일이 일어날지는 앞쪽 아래 그림에서 확인할 수 있다. 첫 번째 수익 확정을 했을 때보다 훨씬 빠르게 하락하면서 불과 4영업일 만에 75일선이 깨고 말았다. 이쯤 되면 이것은 상승 종목이 아니라 하락 추세를 타고 내려가는 종목에 불과하다. 그러니 **손절매 포인트는 꼭 지키는 것**을 잊지 말자.

다음 법칙 09 에서는 천장의 모양에 대해서 좀더 깊이 있게 살펴보겠다.

손절매는 반드시 한다!
가장 처음 기억해야
하는 사항!

09 주가 위치와 캔들로 '천장'을 파악한다

① 주가의 위치와 캔들을 조합, 천장에서 매수하지 않는 기술

첫 번째 단계는 주가의 위치 확인

지금까지 주가 위치를 중심으로 과열 국면을 판별하는 방법을 살펴봤다. 이제부터는 주가의 위치와 캔들의 형태를 조합하여 천장인지 판단하는 방법을 깊이 있게 알아보겠다.

천장 여부를 판단하는 데 가장 중요한 것은 현재 주가의 '**위치**'다. 지금까지의 추세를 판단할 때도 계속 주가의 위치를 확인했지만, 천장을 지나 추세의 큰 변화를 파악하려면 위치 확인이 무엇보다 중요하다.

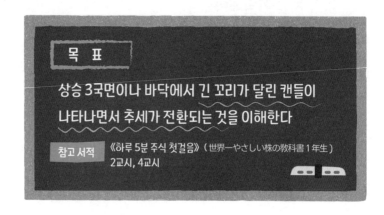

목 표

상승 3국면이나 바닥에서 긴 꼬리가 달린 캔들이 나타나면서 추세가 전환되는 것을 이해한다

참고 서적 《하루 5분 주식 첫걸음》 (世界一やさしい株の教科書 1 年生)
2교시, 4교시

장대양봉 뒤 긴 위꼬리가 달리면 매도 신호

주가 위치가 확인되면 다음 단계는 거기서 나타나는 캔들의 형태를 보고 투자자들의 심리를 파악하는 것이다. 투자자의 심리를 파악한다는 것은 캔들의 몸통과 꼬리의 형태로 투자자가 무엇을 느끼는지 읽어내는 것이다. 기뻐하는가? 불안한가? 캔들의 모양과 꼬리 길이 등으로 투자자의 심리를 파악하는 기본적인 기술은 그림에서 확인할 수 있다.

이것을 보다 실천에서 사용할 수 있도록 정리한 것이 그림의 ❶과 ❷이다. 양봉이 연이어 나타난 후 긴 꼬리가 달린 캔들이 나타나고, 그다음 날이나 며칠 후 반대 방향으로 하락하는 모습이 보이면 그때 수익을 확정한다.

● **STEP 1** 주가의 위치 확인

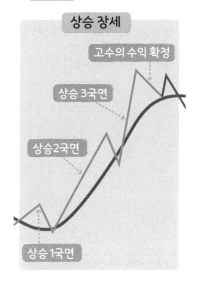

● **STEP 2** 캔들의 모양과 심리 확인

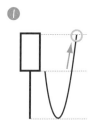

크게 하락했지만 장 막판에 매수세가 들어와 양봉으로 마감했다. 상승세가 강함을 나타낸다

크게 올렸지만 장 막판에 매도세가 들어왔다. 상승세가 약해졌음을 나타낸다

크게 내렸지만 장 막판에 되샀다. 하락세가 약해졌음을 나타낸다

십자형 캔들이 나타난 후 반전하는 것도 매도 신호

위꼬리가 달린 양봉 또는 음봉뿐 아니라 몸통이 없는 십자가 모양의 캔들도 천장을 알리는 신호로 매우 유용하게 쓰인다.

십자가 모양의 캔들(이를 십자형 캔들, 또는 '도지'라고 한다)은 시가(始價)와 종가(終價)가 같은 가격에 몸통이 만들어져서 가로선과 꼬리만 있는 캔들을 말한다.

특히 긴 위꼬리가 달린 십자형 캔들 '잠자리형'이라고 하며 이 캔들이 고가권에서 나타나면 매수세가 약해져 추세 반전과 매도 신호로 해석한다.

● 캔들의 모양에 따른 천장 판단

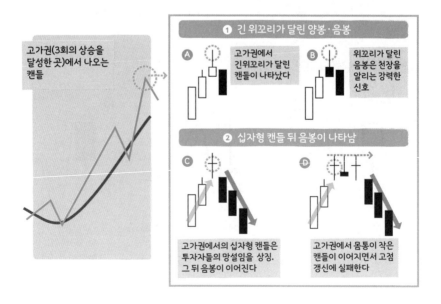

고가권(3회의 상승을 달성한 곳)에서 나오는 캔들

❶ 긴 위꼬리가 달린 양봉·음봉

Ⓐ 고가권에서 긴위꼬리가 달린 캔들이 나타났다

Ⓑ 위꼬리가 달린 음봉은 천장을 알리는 강력한 신호

❷ 십자형 캔들 뒤 음봉이 나타남

Ⓒ 고가권에서의 십자형 캔들은 투자자들의 망설임을 상징. 그 뒤 음봉이 이어진다

Ⓓ 고가권에서 몸통이 작은 캔들이 이어지면서 고점 갱신에 실패한다

문제 9-1

여기서 보여주는 차트는 강한 추세가 발생하여 기세 좋게 상승하고 있다. 오늘은 그 기세가 계속될지 의심스러워진 심리를 반영한 음봉이 나타났다. 차트에 주가의 각 사이클을 그린 후, 앞으로의 투자 판단을 어떻게 할지 해답란에 적어보자.

중

해답란

❶ 현재 위치는 상승 (   ) 국면

❷ 음봉이 나타난 오늘 상황에서 당신의 투자 판단 기준과 그 근거는?

Ⓐ 보유하고 있지 않은 경우

□ 당장 매수한다 □ 아무것도 하지 않는다

판단 근거 :

_____

Ⓑ 보유하고 있는 경우

□ 마지막까지 기다린다   □ 수익을 확정할 준비를 한다

판단 근거 :

_____

❸ 앞으로의 움직임은 어떻게 될지 예측하여 차트 오른쪽에 그려보자.

　그때 당신은 어떻게 행동하겠는가?

● **문제** **과열 국면에서 횡보, 위꼬리가 달린 캔들이 나타났을 때의 매매 전략**
　　　(6330 : 동양엔지니어링)

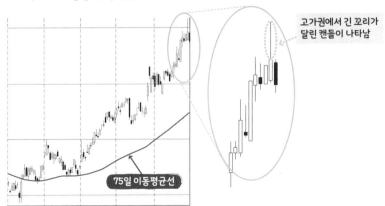

고가권에서 긴 꼬리가 달린 캔들이 나타남

75일 이동평균선

과열 국면에서 망설이다가 매수는 금지!

주가 사이클을 몇 번 그리게 하냐고 귀찮아하지 말고 여기서만이라도 스스로 생각해보자. 차트를 보는 순간에 현재 위치와 투자 판단을 할 수 있게 될 것이다.

우선 주가의 위치를 확인해보자. 오늘은 '**상승 3국면**'의 전환 지점에 와 있음을 알 수 있다. 캔들은 천장을 나타내는 긴 위꼬리가 달리면서 음봉이 나오고 그다음에는 양봉과 음봉이 교차하면서 횡보한다. 여기서 절대로 '횡보한 뒤에는 다시 올라가겠지'라고 생각하지 않아야 한다. 또 그런 생각을 하게 되더라도 횡보 후 크게 반대 방향으로 하락하게 되면 빨리 결단을 내리고 행동해야 한다.

즉 이 종목을 보유하고 있지 않다면 이 하락을 매수 기회라고 생각하지 않고 '**아무것도 하지 않는다**' 만약 보유 중이라면 '**수익을 확정**'하거나 잘못해서 천장의 위꼬리 가격에서 샀을 경우에도 '**손절매**'를 한다.

● 답 맞추기 과열 국면에서 횡보와 위꼬리가 나타났을 때의 주가 위치
(6330 : 동양엔지니어링)

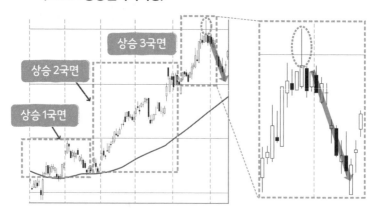

고점 재도전 실패 및 상승 추세 종료 확인

그림을 보면 한 번 하락한 뒤 일단 반등하는 것을 알 수 있다. 실제로 투자자들을 현혹하는 또 다른 요인이다.

천장을 지난 시점부터는 다시 주가 상승을 원하는 투자자와 앞으로 하락하기를 바라는 투자자가 서로 줄다리기를 하기 때문에 움직임이 거세진다. 그래서 이렇게 빠른 속도로 반등하면 올리고 싶은 투자자들은 계속 미련을 갖거나 다시 주식을 매수한다. 비극은 그다음부터다. 그림을 보면 기세 좋게 오르던 주가가 전고점에 도달하지 못하고 반전되면 이전보다 더 빨리 급등락을 반복하면서 하락한다. 이것이 '**고점 재도전**'이라는 국면이다.

물론 모든 종목이 이 국면에서 고점 갱신에 실패하는 것은 아니다. 여기서 포인트는 '**고점에 재도전했다가 전고점에 도달하지 못하고 추세 반전하면 실망으로 인한 매도세가 대거 나오는 동시에 주가를 낮춰서 이익을 취하고 싶은 공매도 세력이 들어와 하락이 가속화된다**'는 것이다. 여기서의 투자 판단은 '**아무것도 하지 않는다**', 보유 중일 경우는 '**매도**'하는 것이 정답이다.

● **검증** 고점에 도전하는 움직임 (6330 : 동양엔지니어링)

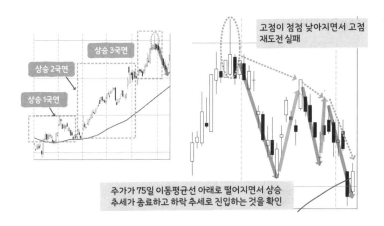

119

문제 9-2

상

다음은 일본의 가전판매업체인 에디온의 차트다. 문제 9-1 과 마찬가지로 크게 추세가 발생해 기세 좋게 상승한다. 전날 길게 위아래 꼬리가 달린 십자형 캔들이 나타난 뒤 오늘 크게 하락했다. 차트에 주가의 각 사이클을 그리고 앞으로의 투자 판단에 관해 해답란에 적어보자.

해답란

❶ 현재 위치는 상승 (   ) 국면

❷ 음봉이 나타난 오늘 상황에서 당신의 투자 판단 기준과 그 근거는?
  Ⓐ 보유하고 있지 않은 경우
  □ 당장 매수한다 □ 아무것도 하지 않는다
  판단 근거 :

  Ⓑ 보유하고 있는 경우
  □ 마지막까지 기다린다   □ 수익을 확정할 준비
                             를 한다
  판단 근거 :

❸ 앞으로의 움직임은 어떻게 될지 예측하여 차트 오른쪽에 그려보자.
  그때 당신은 어떻게 행동하겠는가?

● 문제 **단기적인 과열 국면에서 십자형 캔들이 나타났을 때의 매매 전략(2730 : 에디온)**

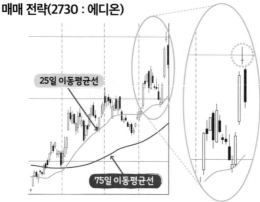

25일 이동평균선

75일 이동평균선

고점에서 십자형 캔들이 나타나고 반대 방향으로 하락한다

120

9-2의 해설

주춤하다가 반전이 나오면 매도 신호

십자형 캔들이 나타나기 이틀 전부터 주가의 움직임은 전형적인 과열 양상을 보인다. 25일 이동평균선까지 한 번 내려갔다가 터치하면 이틀간 상승해 앞의 2개월 상승폭만큼 올라간다. 이로써 '**상승 3국면**'에 들어간다(**❶**의 해답). 그다음 날 위아래 꼬리가 달리면서 시가와 종가가 같은 값으로 마무리된 십자형 캔들이 나타난 후 크게 하락하는 음봉이 나타나면 조심해야 한다. 십자형 캔들이 어떻게 나타나는지 생각해보면 그 이유를 확실히 알 수 있다.

긴 위꼬리는 주가가 크게 올랐다가 마지막에 다시 돌아왔다는 뜻이다. 비싸게 매수했던 투자자들이 자신감이 사라지고 겁이 나서 팔기 시작한 것이다. 더구나 종가는 전날 캔들과 떨어진 가격이다. 투자자들의 망설임이 뚜렷이 드러나는 부분이다.

● **답 맞추기** 과열 국면에서 나타나는 십자형 캔들은 변화의 전조 (2730 : 에디온)

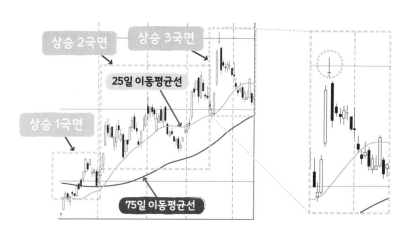

이 움직임에 더해 다음날 갭하락하면서 가속도가 붙으면 이전부터 보유하고 있던 투자자들은 서둘러 수익 확정을 위해 매도에 가세한다. 그렇게 하락하는 모습을 보면서 다른 투자자들도 매물을 내놓기 시작하면서 결국 장대음봉이 형성된다. 이럴 때는 '**수익을 확정하거나 손절매를 하는 것**'이 현명한 투자 판단이다.

더 상승했다고 해서 '매도하지 않아도 되는' 것은 아니다

이후의 움직임을 보면, 문제 9-1 과는 조금 상황이 다르다. 이 시점에서 상승 3국면을 지나 천장일 가능성이 크다고 판단해 매도했는데, 다시 위로 반등(추세 전환)한 후 지난번 고점을 갱신하면서 상승했다. 문제 9-1 에서 '모든 종목이 이 국면에서 고점 갱신에 실패하는 것은 아니다'라고 했는데 실제로 그렇게 된 경우다. 여기서 발생하는 오류가 있다. '거봐요, 매도하지 않아도 되   네요'라는 결론을 내리는 것이다. 그러면서 손절매를 하지 않거나 매도 신호가 발생했는데도 관망하는 식의 잘못된 행동을 하고 만다.

● 검증 단기 과열 국면에서 십자형 캔들이 다시 등장했을 때 주가의 위치
(2730 : 에디온)

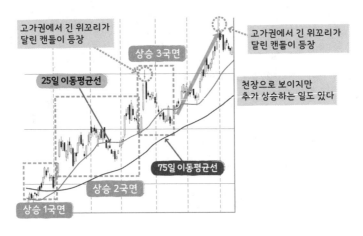

고점을 갱신한 후 상승 국면에서도 다시 과열되어 긴 위꼬리가 달린 양봉이 나타났다가 하락한다. 여기서 손절매나 수익 확정을 하지 않으면 그 후에는 무서운 기세로 급락한다(차트에서 확인하자).

예외적인 움직임이 나와서 자신의 의도와는 다른 방향으로 주가가 움직였다고 해서 규칙을 바꾸면 투자의 일관성이 없어지고 애매한 투자자가 된다. 결국은 주가가 상승할 수도 있지만 그런 국면에서도 추세 전환 매매를 활용하면 다시 매수할 수도 있고 매도 신호로 수익을 챙길 수 있다.

이제 천장 여부를 확실하게 판단할 수 있을 것이다.

다음 법칙10 부터는 바닥권 판단에 대해 자세히 살펴보겠다.

● 검증 **추가 상승 후 하락할 때도 같은 형태를 보인다 (2730 : 에디온)**

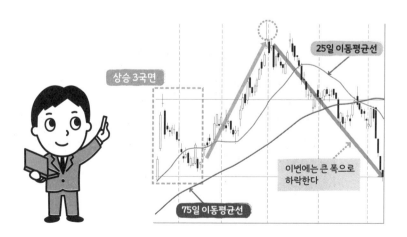

10 주가의 위치와 캔들로 '바닥을 파악한다'

❶ 주가의 위치와 캔들을 조합하여 바닥에서 사는 기술

동일한 단계를 거친다. 저점이 낮아지는지도 확인한다

법칙09 에서 천장인지 판단하는 방법에 관해 자세히 살펴봤다. 이번에는 그와 반대로 계속 하락하던 종목이 드디어 하락세를 멈추고 앞으로 상승세로 돌아설지도 모르는 국면, 즉 바닥을 분석하는 방법을 예시를 곁들여 설명하겠다.

바닥을 확인하는 방법도 동일한 단계를 거친다. 우선 현재 주가가 매도 3회째임을 확인한다.

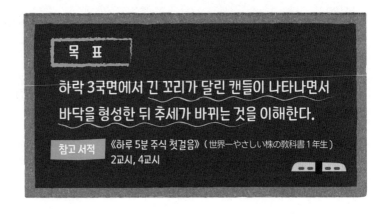

목 표

하락 3국면에서 긴 꼬리가 달린 캔들이 나타나면서 바닥을 형성한 뒤 추세가 바뀌는 것을 이해한다.

참고 서적 《하루 5분 주식 첫걸음》(世界一やさしい株の教科書1年生) 2교시, 4교시

즉, '저점 갱신이 3회 이상 나타나는지 확인한다.'

장대음봉이 연이어 나타난 뒤 생기는 긴 아래꼬리 캔들은 매수 신호

천장에서의 판단 방법을 뒤집은 듯한 패턴이 바닥을 알리는 신호다. 바닥과 천장에서의 차이는 바닥에서는 지속되는 **D**(그림 참조) 패턴이 되는 빈도가 높다는 것이다. 투자자의 심리를 반영하여 내릴 때는 확확 내리지만 오를 때는 관망하면서 지켜보는 투자자가 많기 때문에 보합세를 이어가다가 상승하는 경우가 많다.

● STEP 1 주가의 위치

하락 장세

고점에 재도전

하락 1국면

하락 2국면

하락 3국면
폭락과 투매 장세

하락을 멈추고 횡보

● STEP 2 캔들의 모양과 심리 확인

비석형(음봉)   망치형(양봉)

주가가 크게 내려갔지만, 매수세가 회복되어 시가를 넘어서 마감했다. 상승세가 강했음을 나타낸다.

주가가 크게 올랐지만 마감 전까지 매도가 이어졌다. 상승세가 약해졌음을 나타낸다.
크게 낮췄지만, 되돌렸고, 시초가도 넘어서 마감했다. 아래꼬리가 긴 캔들 정도는 아니지만 추세 전환을 알리는 신호다.

125

바닥에서도 십자형 캔들은 추세 반전과 매수 신호

천장에서 추세가 반전하는 것과 마찬가지로 아래꼬리가 달린 캔들(양봉 또는 음봉)뿐 아니라 캔들의 몸통이 없는 십자형 캔들도 바닥 신호로 종종 활용이 된다. 또 십자형 캔들은 시가와 종가가 같은 가격에 몸통이 형성되어 가로선과 위·아래꼬리만 가진 캔들을 가리킨다고 했는데, 특히 아래꼬리가 더 긴 십자형 캔들은 **'잠자리형'**이라고 불리며 대표적인 추세 반전의 신호로 꼽힌다.

하지만 잠자리형 캔들이 나타났다고 바로 매수하면 된다는 뜻이 아니라 **'추세가 반전해 고점을 높여가는 움직임이 나타나면 매수를 검토해도 좋다'**는 것이다. 이것은 매우 중요한 내용이므로 꼭 기억하자. 바닥을 확인하는 의미는 **'싸니까 매수하는 것이 아니라 비싸지기 시작해서 매수하는 것'**이다.

● **캔들의 형태에 따른 바닥 판단**

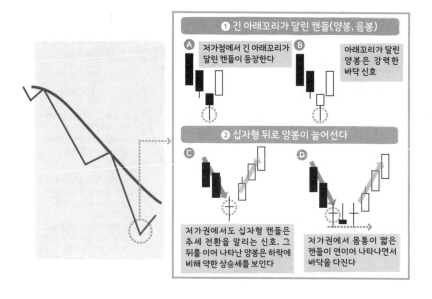

문제 10-1

여기에 나오는 차트는 의심의 여지가 없는 하락 추세이다. 전날 아래꼬리가 긴 음봉이 나타난 뒤, 오늘은 양봉을 만들면서 크게 상승했다. 차트에서 주가의 각 사이클을 그려보고 앞으로 어떤 투자 판단을 내려야 할지 해답란에 적어보자.

해답란

❶ 현재 위치는 하락 (   ) 국면

❷ 양봉이 나타난 오늘 상황에서 여러분의 투자 판단 기준과 근거는 무엇인가?
  □ 당장 매수한다
  □ 또 하락할 것이므로 공매도를 준비한다
  판단 근거 :

  ----

❸ 향후 주가의 움직임은 어떻게 될지 예측하여 차트 오른쪽에 그려보자. 그때 여러분은 어떻게 행동하겠는가?

● **문제** **저가에서 긴 아래꼬리가 달린 캔들이 등장한다 (6971 : 교세라)**

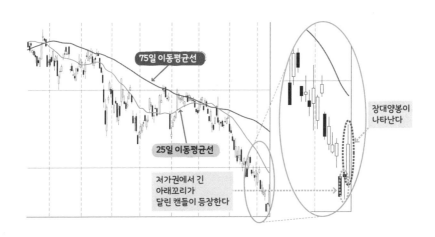

75일 이동평균선

25일 이동평균선

저가권에서 긴 아래꼬리가 달린 캔들이 등장한다

장대양봉이 나타난다

하락세를 이어가는 국면에서는 계속 하락하는 요인만 보인다

차트를 보면 오늘은 하락을 멈추고 양봉을 형성하긴 했지만 보통 사람들에게는 아직 내려가는 것처럼 보인다. 그러나 주가 사이클과 심리를 잘 아는 사람에게는 앞으로 보유하고 싶은 종목의 대표적인 형태이다. 주가 사이클을 나타낸 앞쪽 그림에서 확인할 수 있듯이 현재 국면은 **하락 3국면이므로 여기가 바닥일 수도 있다는 가능성을 강하게 보여준다.** 아래꼬리가 긴 캔들 생긴 날은 나중에 보면 하락 추세가 끝나고 상승 반전 신호가 되고 있음을 알 수 있다.

공매도에 관해 학습한 사람들 곧잘 실패하는 패턴이 여기서 더 공매도 주문을 내는 것이다. 이것은 천장에서 매수하는 사람과 동일한 행동이다. 물리적으로 관성의 법칙이 존재하듯이 마음속에도 계속 같은 방향으로 있었으면 하는 관성이 존재합니다. 계속 하락했으므로 공매도로 이익을 낸 사람

● 답 맞추기 저가권에서 긴 아래꼬리가 달린 캔들은 변화의 시작이다 (6971: 교세라)

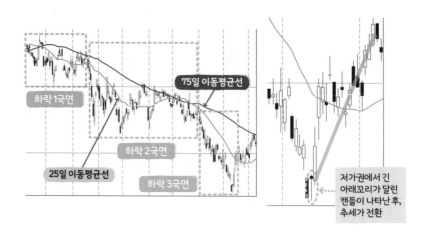

이나 지금 공매도를 배운 지 얼마 안 된 투자자에게는 계속 떨어지는 것처럼 보인다. 하지만 이후의 움직임을 보면 알 수 있듯이 공매도를 걸 상황은 아니다.

하락하는 순간에 갑자기 매수하는 것도 어렵다
반전인지 확인하는 것이 필요

그렇다고는 해도, 아래꼬리가 긴 캔들이 놔외수염이 긴 촛불이 나왔기 때문에 즉시 매수하는 것도 쉽빛 않은 일이다. **'추세 반전 신호가 나왔다'와 '상승 추세로의 추세 반전이 확정되었다'라는 표현은 전혀 다르다.** 여러 번 이야기했듯이 리스크를 인식하고 가능성이 큰 쪽으로 자금을 투자하는 것이 투자다. 추세 반전 신호가 나오고 긴 양봉에서 상승 추세로 바뀐 것처럼 보여도 다음날부터 다시 내려갈 가능성은 얼마든지 있다는 말이다.

● 검증 긴 아래꼬리가 달린 캔들이 나타난 뒤 (6971 : 교세라)

그러면 언제 매수하면 될까? 추세 반전 신호가 나오고, 75일 이동평균선까지 상승한 후의 움직임을 나타낸 앞쪽의 차트를 보자. 75일선까지 1회 상승했다가 다시 한번 내림세로 돌아서더니 바닥이라고 생각했던 저점 부근까지 하락한다. 무엇보다 중요한 것은 여기서 추세 전환해서 위로 올라가는 타이밍이다.

그 전까지는 저점을 갱신했지만, 추세가 전환되면서 동시에 저점이 높아지는 캔들이 처음 나타난다.

> **저점이 높아지기 시작 + 75일 이동평균선을 다시 넘어온다**

이 두 가지가 확인된 타이밍이 최적의 매수 시점이다.

문제를 하나 더 풀어보자.

● 8년 전 교세라의 역사는 반복된다 (6971 : 교세라)

130

문제 10-2

다음은 문제 10-1 과 마찬 가지로 긴 하락 추세를 타고 내려가다가 한 번 75일 이동 평균선으로 돌아간 차트다. 75일선 위로 뚫고 올라가 상 승한 뒤에는 한동안 횡보하 다가 다시 한번 하락, 오늘은 75일 선 아래에 캔들이 형성되었다. 여 기서 여러분은 어떤 투자 판단을 할지 해답란에서 골라보자.

해답란

❶ 내일부터 이 종목에 대한 투자 전략은?
- Ⓐ 75일 이동평균선이 위를 향하고 있 으므로 상승이 틀림없다. 흐름에 따 라서 매수한다
- Ⓑ 추세를 알 수 없게 되었으니 아무것 도 할 필요가 없다
- Ⓒ 75일 이동평균선 아래에 위치하기 때문에 알 수 없다. 자동감시주문으 로 고점을 넘으면 매수하라고 설정 한다

❷ 매수 후 주가가 하락하기 시작하면 어떤 판단을 해야 할까?
- Ⓐ 매수한 뒤에는 손절매 라인을 명확 하게 정하고 설정을 한다
- Ⓑ 상승이 계속되므로 주가가 이평선으 로 돌아올 때까지 기다린다

● 문제 **저점을 높인 후 75일 이동평균선을 깨고 내려간다 (6981 : 무라타제작소)**

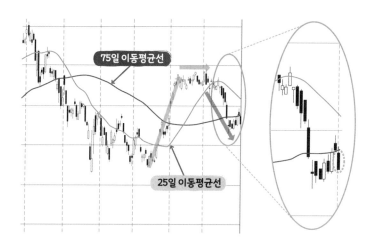

주가가 상승한다는 보장은 없다

이런 과정을 거쳐 ❶에서 ⒞를 선택한 여러분에게 축하의 말을 드린다. ⒝를 선택했다 해서 너무 실망할 필요는 없다. ⒜를 선택하는 것보다는 훨씬 낫다.

현재 위치는 분명히 상승 1국면이 마무리된 후 75일 이동평균선 아래에 위치한다. 앞으로 다시 75일선을 아래에서 뚫고 올라가면 새로운 상승 추세가 발생할 가능성이 크다. 하지만 잘 생각해보자. '가능성이 크다'는 것이지 반드시 상승한다는 보장은 어디에도 없다.

따라서 아무리 힘찬 기세로 오를 것처럼 보이더라도 **'상승이 확정되는 위치에서 자동감시주문을 사용해 매수하는'** 것이 올바른 투자 판단이자 투자자가 해야 할 행동이다.

● 답 맞추기 **75일 이동평균선을 다시 깨면서 폭락 (6981 : 무라타제작소)**

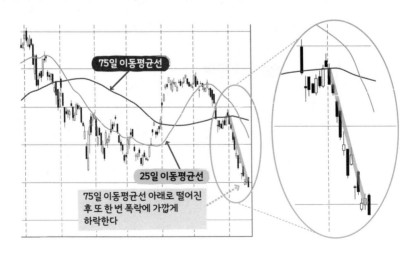

그림에서 실제 움직임을 보면 다음 날부터는 대폭락을 이어간다. 자동감시주문으로 매수 설정을 했다면 아예 매수 주문이 체결되지 않기 때문에 아무 손실 없이 투자금을 지킬 수 있다.

'추세를 잘 모르겠다면 Ⓑ의 "아무것도 하지 않는다"도 훌륭한 투자 판단이다.'

저가권에서 추세 전환을 확인한 후 매수한다

다시 한번 크게 하락한 후의 움직임을 보고 다음 전략을 생각해보자. 주가는 잠시 횡보하다가 한층 더 저점을 갱신하면서 바닥을 형성한다. 여기서 앞서 언급한 '**바닥권의 십자형 캔들**'이 나타난다.

바닥권의 십자형 캔들이 나타난 다음 날부터 주가는 힘차게 반등하며 상승한다. 여기 또한 즉흥적으로 매수한다고 판단해도 될까? 그렇지 않다. 부디 진정하자. 다시 말하지만, 저점 신호가 나온다고 해서 상승세로 돌아선다는 보장은 없다. 상승 추세로 전환되었다는 신호를 확인하고 나서 매수해도 전혀 늦지 않다.

● **검증** **긴 아래꼬리가 달린 캔들이 나타난 뒤의 움직임 (6981 : 무라타제작소)**

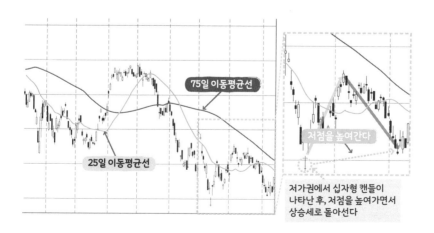

75일 이동평균선

25일 이동평균선

저점을 높여간다

저가권에서 십자형 캔들이 나타난 후, 저점을 높여가면서 상승세로 돌아선다 그림을 보자. 최적의 매수 타이밍은 '**십자형 캔들인 저점을 한 번 넘어선 지점**'이다. 저점을 높이는 것을 확인하면 투자자의 심리가 긍정적으로 변한다. 이것을 확인하고 75일 이동평균선으로 주가가 다가가고 75일선을 위로 돌파할 때 매수해도 늦지 않으며 추세는 이제 시작되었음을 나중에 확인할 수 있다.

그림과 같이 75일 이동평균선을 뚫고 올라간 뒤 고점을 높이는 것까지 확인되면 상승 추세가 지속되고 있다고 결론을 내릴 수 있다.

천장과 바닥을 판단하는 방법과 주식 거래에서 주의할 점을 이제 잘 기억할 수 있을 것이다.

다음 문제부터는 매수 후 이익을 극대화하는 매도 기술을 익혀보자.

● 검증 저점을 높여가는 것을 확인한 후에는 고점을 높여가는 것도 확인한다
(6981 : 무라타제작소)

매도의 달인이 되는 2가지 법칙

주식 거래에서 가장 어려운 것은 매수 시점보다 매도 시점! 기술적 지표를 이용해 매도의 달인이 되어보자!

11 MACD로 매도 시점을 정복한다

① 기술적 지표는 과거의 데이터를 바탕으로 미래의 주가와 추세를 예측하는 것

과거의 주가와 시간으로 미래의 가격과 추세를 예측한다

지금까지는 매수에 관해 자세히 파헤쳐왔다. 이제부터는 매도에 관한 법칙을 꼼꼼히 알아보겠다. 매도 시점을 마스터하기 위해서 빼놓을 수 없는 것이 '**기술적 지표**'이다. 기술적 지표는 **과거의 가격이나 시간을 정해진 계산식에 적용하여 미래의 주가나 추세를 예측하는 방법**이라고 정의할 수 있다.

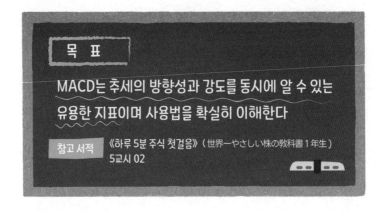

목 표

MACD는 추세의 방향성과 강도를 동시에 알 수 있는 유용한 지표이며 사용법을 확실히 이해한다

참고 서적 《하루 5분 주식 첫걸음》(世界一やさしい株の教科書1年生)
5교시 02

기술적 지표는 수십 가지가 넘지만 모든 지표를 능숙하게 사용하는 것은 불가능하다. 데이터가 지나치게 많이 제공되면 인간은 오히려 혼란에 빠질 수 있으므로 자신이 잘하는 기술적 지표를 두세 개 정하여 확실하게 배우고 익히자.

추세 지표와 오실레이터 지표의 성격을 겸비한 MACD

전문 투자자나 개인투자자 모두에게 인기가 있는 지표 중 하나가 MACD 다. MACD는 가장 최근 가격에 가중치를 두고 데이터가 오래될수록 가중치를 줄이는 '**지수 이동평균(EMA)**'이라는 계산 방식을 사용한다.

EMA는 가장 최근의 가격 움직임에 가중치를 부여하므로 추세 전환 신호가 빠르게 나타나고 매매 시점도 이동평균선보다 좀 더 빨리 나타나며 정확도도 높다는 점에서 유용한 지표라 할 수 있다.

또 기간이 다른 지수 이동평균의 차이를 이용해 그 확대와 축소를 봄으로써 '**주가 추세와 강도까지 알 수 있다.**' 이것이 추세 지표와 오실레이터 지표의 성격을 함께 가지고 있다고 하는 이유다.

오실레이터는 '진자'라는 뜻이야.
진자가 일정한 폭을 왔다갔다하듯이
'과거의 데이터에 근거해 일정한 범위에서 오르내리며 움직이는 것'이 오실레이터 지표야.

지수 이동평균의 장단기 차이와 이동평균으로 구성

MACD는 3가지 요소로 구성된다. 주로 **12일 단기 지수 이동평균값에서 26일 장기 지수 이동평균값을 뺀 차이를 나타내는 MACD**, MACD**를 주로 9일 지수 이동평균을 이용해 다시 한번 평균 낸 값인 시그널**, 그리고 **MACD와 시그널의 차이를 나타내는 괴리 또는 히스토그램**, 이 세 가지가 MACD의 구성요소다.

MACD를 이용해 수익을 확정할 때는 2가지에 주목한다. 먼저 MACD와 시그널의 거리를 나타내는 히스토그램(막대그래프 모양)의 길이가 없어지고, 움푹해졌을 때(그림의 수익 확정 ❶), 그리고 MACD가 시그널을 위에서 아래로 뚫고 내려가 데드크로스가 나타났을 때(그림의 수익 확정 ❷)이다.

문제를 풀기 전에《하루 5분 주식 첫걸음(世界一やさしい株の教科書1年生)》을 참고하면 도움이 될 것이다.

● **MACD에 의한 수익 확정**

수익 확정 ❶
히스토그램이 움푹해지면 다음 날 매도하기

수익 확정 ❷
MACD가 시그널을 위에서 아래로 뚫고 내려가 데드크로스가 나타나면 다음 날 매도하기

— MACD
— 시그널
|| 히스토그램

주문이 체결된 후 골든크로스가 나타나 강한 상승 추세를 확인

문제 11-1

차트는 상승 1국면이 나타난 후 2국면 상승을 준비하는 종목의 상황을 나타낸다. 먼저 Ⓐ차트에서 추세선을 그어서 추세가 전환되었는지 확인해보자. 그 후 가격 정보를 근거로 매수 가격을 결정하자. Ⓑ와 Ⓒ에서는 매수 주문이 체결되었다는 전제하에 MACD를 이용해 수익 확정을 하는 논리를 세워보자.

해답란

❶ Ⓐ : 현재 위치에서 추세 전환이
　□ 성립　　　　□ 성립하지 않았다

❷ Ⓐ : 추세 전환에 따른 자동감시주문으로 매수 주문을 설정할 때 가격은
　(　　　) 엔 이상이 되면 매수한다

❸ Ⓑ, Ⓒ : 매수 주문이 체결되고 상승하는 경우, 수익 확정일과 그 이유는?
　수익 확정 : □ ❶ □ ❷ □ ❸ □ ❹
　이유 :
　--
　--
　--

● 문제 **매수 가격 설정과 수익 확정 방법 (6807 : 일본항공전자공업)**

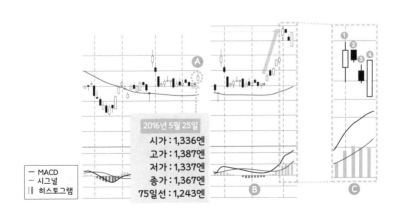

2016년 5월 25일
시가 : 1,336엔
고가 : 1,387엔
저가 : 1,337엔
종가 : 1,367엔
75일선 : 1,243엔

— MACD
— 시그널
▮ 히스토그램

상승세가 약해진 것을 확인한 후 결정한다

먼저 추세선을 그어서 전환했는지 확인하라고 했는데 익숙한 사람이라면 보기만 해도 추세전환했음을 알 수 있을 것이다. 실제로 추세선을 그린 그림의 왼쪽을 보면 '**주가가 추세선을 넘어서 명확하게 위로 전환했음**'을 알 수 있다. 2016년 5월 25일 추세 전환을 확인했으므로 다음 날 매수 주문을 자동감시주문으로 설정한다. 이날 고가가 1,387엔이므로 그 고가를 넘어오는 '**1387+1=1388엔 이상이 되면 매수한다**'고 설정한다. 그다음 날은 음봉이었지만 고가를 넘어서 매수 주문이 체결되었다.

● 답 맞추기 추세 전환에 따른 매수 (6807 : 일본항공전자공업)

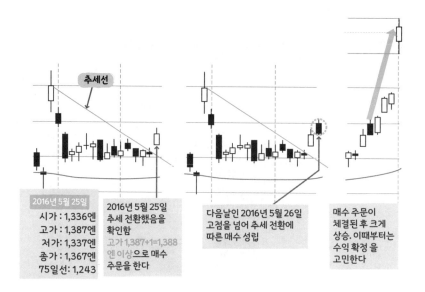

추세선

2016년 5월 25일
시가 : 1,336엔
고가 : 1,387엔
저가 : 1,337엔
종가 : 1,367엔
75일선 : 1,243

2016년 5월 25일 추세 전환했음을 확인함
고가 1,387+1=1,388엔 이상으로 매수 주문을 한다

다음날인 2016년 5월 26일 고점을 넘어 추세 전환에 따른 매수 성립

매수 주문이 체결된 후 크게 상승. 이때부터는 수익 확정을 고민한다

매수가 체결된 다음 날에는 조금 상승하고 그쳤지만 4영업일 만에 크게 갭상승했다. 이렇게 되면 투자자들은 언제 팔아야 할지 고민하게 된다. 이 예시처럼 '아직 큰 추세가 나오지 않은 상태에서 수익 확정을 할 때 상승세가 약해졌음을 이동평균선보다 빨리 보여주는 것이 MACD의 히스토그램'이다.

상승세가 약해진다 = 히스토그램의 길이가 짧아지면서 움푹해진다

MACD의 거리를 사용하여 수익을 확정하는 방법을 차례로 살펴보겠다. 주문이 체결된 뒤 4영업일에 크게 상승하기까지의 MACD를 확인해보면 MACD가 시그널을 아래에서 위로 뚫고 올라가는 골든크로스가 나타나면서 차이가 점점 벌어졌다. 차이가 벌어지는 것은 히스토그램만 봐도 확인할

● **검증** MACD로 수익 확정 (6807 : 일본항공전자공업)

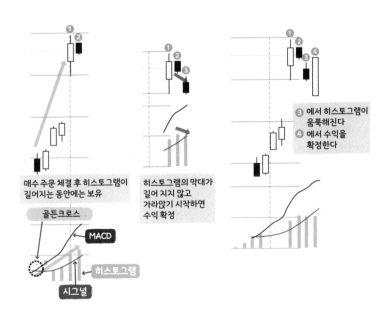

매수 주문 체결 후 히스토그램이 길어지는 동안에는 보유

골든크로스

MACD

히스토그램

시그널

히스토그램의 막대가 길어지지 않고 가라앉기 시작하면 수익 확정

❸ 에서 히스토그램이 움푹해진다
❹ 에서 수익을 확정한다

수 있다. 그림 ❷의 음봉이 나타날 때까지 히스토그램이 전날보다 커지는 움직임이 이어진다.

이때 ❸을 주목해야 한다. 캔들 자체도 갭하락하는 음봉인데다가 그 움직임을 반영해 히스토그램의 길이가 없어지고 움푹해졌다. 이를 확인하면 기세 좋게 올려온 단기 추세가 약화됐다고 판단할 수 있다. 이 예시의 날 히스토그램이 더이상 길어지지 않고 움푹해지는 것을 확인할 수 있었기 때문에 다음 날 시초가로 수익을 확정한다. 따라서 '**캔들❹의 시가로 수익을 확정한다.**'

이 방법은 앞서 언급한 바와 같이 '단기'에 아직 추세가 강하게 발생하지 않았을 때 매우 유용하다. 그러면 좀 더 기간을 길게 잡고 강한 추세를 타고 이익을 키우고 싶을 때는 이 지표를 어떻게 활용해야 할까?

다음 문제에서 더 긴 기간 동안 이익의 폭을 극대화하는 방법에 대해 두 가지 사례를 곁들여 설명하겠다.

문제 11-2

다음 차트는 MACD를 사용하여 수익을 확정하는 시점이 두 번 나오는 예다. 먼저 ❹에서 추세선을 그어서 추세가 전환되고 있는지 확인하자. 그 후 주어진 가격 정보를 보고 매수 가격을 결정한다. ❺와 ❻에서는 매수 주문이 체결되었다는 전제하에 MACD를 이용해 수익을 확정할 상황을 나타낸다. ❺와 ❻, 각 국면에서 수익 확정 방법을

캔들을 보면서 설명

해보자.

해답란

❶ Ⓐ : 현재 위치에서 추세 전환이
   □ 성립 □ 성립하지 않았다

❷ Ⓐ : 추세 전환에 따른 자동감시주문으로 매수 주문을 설정
   할 때 가격은
   (   ) 엔 이상이 되면 매수한다

❸ Ⓑ : 매수 주문이 체결되고 상승하는 경우, 수익 확정일과
   그 이유는?
   수익 확정 Ⓑ : □ ❶ □ ❷ □ ❸
   이유 :

   수익 확정 Ⓒ : □ ❶ □ ❷ □ ❸
   이유 :

● **문제** 매수 가격 설정과 수익 확정 (2158 : UBIC)

2016년 4월 7일
시가 : 835엔
고가 : 877엔
저가 : 891엔
종가 : 931엔
75일선 : 853엔

— MACD
— 시그널
▌▐ 히스토그램

143

주가 위치를 확인한 뒤 매수 전략을 정한다

이번에도 마찬가지로 추세 전환을 확인한 뒤 매수 가격을 설정하는 전략을 생각해보자.

문제 11-1 과 마찬가지로 익숙한 사람들은 추세선을 굳이 긋지 않아도 이 시점에서 '**추세 전환을 했다**'고 판단할 수 있을 것이다. 그림 왼쪽에서 실제 추세선을 확인해보자. 이날 고가가 877엔이므로 그 고가를 넘어오는 '**877+1=878엔 이상 되면 매수한다**'가 매수 주문을 내는 전략이다. 그다음날도 힘찬 양봉으로 전날의 주가를 넘어섰으므로 매수 주문이 체결되었다. 매수 주문이 체결된 후에도 주가는 기세 좋게 상승한다.

● 답 맞추기 1 상승 중인 추세 전환에 따른 매수 지점 (2158 : UBIC)

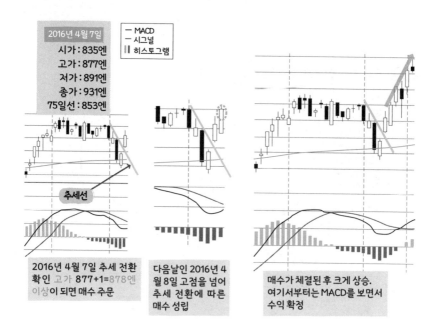

2016년 4월 7일
시가 : 835엔
고가 : 877엔
저가 : 891엔
종가 : 931엔
75일선 : 853엔

— MACD
— 시그널
▌▐ 히스토그램

추세선

2016년 4월 7일 추세 전환 확인 고가 877+1=878엔 이상 이 되면 매수 주문

다음날인 2016년 4월 8일 고점을 넘어 추세 전환에 따른 매수 성립

매수가 체결된 후 크게 상승. 여기서부터는 MACD를 보면서 수익 확정

여기서 주의해야 할 점이 있다. 이 차트는 문제 11-1 에 비해 추세가 강한 상태라는 것이다. 이 종목의 75일 이동평균선은 위를 향하고 있고 주가는 그 위에서 추세 전환을 했으므로 상승 추세가 지속하고 있을 때 추세가 전환되었다고 봐야 한다. 앞의 오른쪽 그림을 보면 상승하는 캔들과 함께 MACD 히스토그램의 막대도 커지고 있다. 이 상황에서 수익을 확정하는 방법은 **'히스토그램의 성장세를 보면서 수익을 확정하는 시점을 재는 지금까지의 방법'과 '더 오래 가져가면서 수익을 키우는 방법'** 이렇게 두 가지가 있다.

추세가 강할 때는 데드크로스를 기다리면서 수익을 극대화시킨다

그림은 히스토그램의 막대가 없어지면서 움푹해지는 것을 확인하면 즉시 수익을 확정하는 방법이다. 히스토그램이 움푹해지는 것을 ❷에서 확인한 뒤 ❸의 시초가로 수익을 실현했다. 하지만 지금은 추세가 강한 상태이

● 답 맞추기 2 **MACD에 의한 수익 확정 1 (2158 : UBIC)**

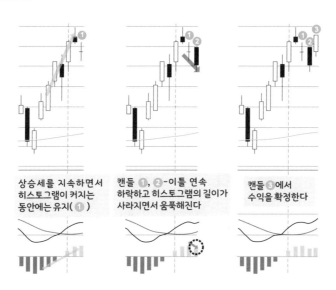

상승세를 지속하면서 히스토그램이 커지는 동안에는 유지(❶)

캔들 ❶, ❷-이틀 연속 하락하고 히스토그램의 길이가 사라지면서 움푹해진다

캔들 ❸에서 수익을 확정한다

기 때문에 일시적으로 기세가 꺾였다가 다시 크게 상승할 가능성도 있다. 특히 상승 2국면과 3국면에서는 그런 움직임이 자주 나타난다. 그런 경우를 대비하고 싶다면 '**MACD와 시그널의 데드크로스를 확인하고 수익을 확정하는 방법**'을 사용한다.

그림을 보자. 그림에서 수익을 확정한 뒤에도 주가가 꺾이지 않고 더 크게 상승했다. 75일 이동평균선에서 점점 멀어지면서 과열되어 가는 모습이 확인된다. 그동안 히스토그램의 막대 길이는 증가하고 감소하기를 반복한다. 이런 구간에서는 작은 움직임에 동요하지 말고 MACD와 시그널의 데드크로스가 확인될 때까지 버티는 것이 좋다. 최종적으로는 그림의 '**❷에서 데드크로스를 확인하고 ❸에서 수익을 확정했다.**'

● 답 맞추기 MACD에 의한 수익 확정 2 (2158 : UBIC)

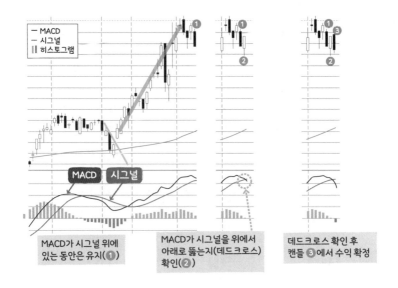

146

이 그림대로 수익 확정을 했다가 그 뒤 더 크게 상승하지 않을까 걱정스러울 수도 있다. 하지만 걱정할 필요 없다. 그림대로 수익을 확정하고 그 후 상승의 파도가 다시 오면 지금 여러분이 익힌 스킬을 이용해 그 파도를 다시 탈 수 있다. 어떻게 하면 될까? 여러분이 이미 갖고 있는 스킬이란 무엇을 말할까? 힌트는 칠판 그림에 있다.

그리고 동영상으로 그 뒤를 확인해보자.

특별 동영상 ❸ 다시 한번 상승 추세에 올라타기
(http://www.tbladvisory.com/book003)

보충 설명 **무조건 버티기는 금물, 신호가 나왔을 때는 확실히 실행한다**

데드크로스가 발생할 때까지 기다렸던 사람은 이런 생각이 들지도 모른다. "여기까지 왔으니 조금만 기다리면 더 올라가는 거 아냐?", "남자는 배짱이지! 끝까지 기다린다!"

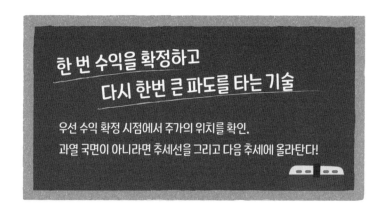

한 번 수익을 확정하고
다시 한번 큰 파도를 타는 기술

우선 수익 확정 시점에서 주가의 위치를 확인.
과열 국면이 아니라면 추세선을 그리고 다음 추세에 올라탄다!

강연장과 동영상에서도 자주 이야기하지만, 투자에서 '남자다움'과 '배짱'을 증명할 필요는 없다. 또 '버틴다'는 것도 무조건 끝까지 기다리면 된다는 말은 아니다. **자신이 미리 정해놓은 신호가 발생하면 망설이지 말고 실행에 옮기자.** 도중에 규칙을 바꿔 버리는 것이 주식 거래를 망치는 첫 번째 요인이다.

이익 확정을 한 다음 움직임을 그림에서 보십시오.

캔들 ❸에서 수익 확정을 했는데, 만약 이날 팔지 않았다면 다음 날 주가가 급락해서 순식간에 이익이 사라졌을 것이다. 단 하루라 늦었을 뿐인데 한 달간 쌓아온 이익이 모두 없어지는 것이다. 모든 종목에서 이런 일이 일어나진 않지만 '**과열 국면에서 천장이라고 생각되는 곳을 지나면 종종 일어나**

● 검증 **수익 확정 시점이 하루 늦어진 결과 (2158 : UBIC)**

두 번째 수익 확정일

첫 번째 수익 확정일

❸

MACD로 수익을 확정한 지 하루 만에 주가가 급락했다. 하루만 늦어졌으면 모든 이익이 사라졌을 것이다.

— MACD
— 시그널
▮ 히스토그램

는 일'이다.

MACD를 이용해 수익을 극대화하는 매도 방법을 예시를 곁들여 자세히 살펴봤다. 다음 법칙12 에서는 MACD와 함께 인기가 많은 볼린저밴드에 대해 자세히 알아보겠다. 매도 방법을 익히는 점은 같지만, 활용법이 크게 다르므로 차이점을 확실히 이해하고 넘어가자.

볼린저밴드로 넘어가기 전에 다시 한번 정리해보자. MACD 활용법과 문제를 다시 한번 살펴보자. '시간'이라는 개념을 도입하면 어떤 특징이 보일 것이다.

'**MACD는 "후행적인 판단"에 이용하는**' 것이 특징이다. 히스토그램이 움푹해지거나 데드크로스가 나타나는 등 어떤 현상이 나타난 후 대응하게 되어 있다.

반면 볼리저밴드는 '**시간적으로 더 넓은 범위에서 판단할 수 있는 기술적 지표**'이다. 다음 법칙에서 문제와 함께 자세히 살펴보도록 하겠다.

3교시 법칙13 에서는 더욱 흥미진진한 내용이 여러분을 맞이할 것이다!

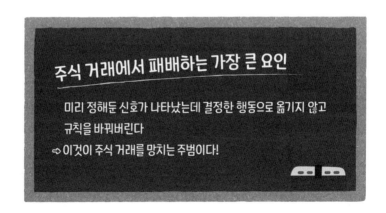

주식 거래에서 패배하는 가장 큰 요인

미리 정해둔 신호가 나타났는데 결정한 행동으로 옮기지 않고 규칙을 바꿔버린다
⇨ 이것이 주식 거래를 망치는 주범이다!

12 볼린저밴드를 활용해 매도 수익을 확정한다

❶ MACD와의 차이점은 판단 시기

매수 단계에서 수익 확정 목표를 정한다

MACD는 히스토그램이 움푹해지고 데드크로스가 일어나는 등 여러 신호를 보고 수익을 확정하는 '후행적 지표'이다. 반면 볼린저밴드는 '**목표 수익의 기준을 미리 설정할 수 있고, 또한 추세 강도도 확인할 수 있는 뛰어난 지표**'이다.

즉 후행적이 아닌 '**매수 주문을 하는 시점에 수익 확정 목표를 설정할 수 있는 "선행적" 지표**'이며 매도 전략의 정확도를 높여준다.

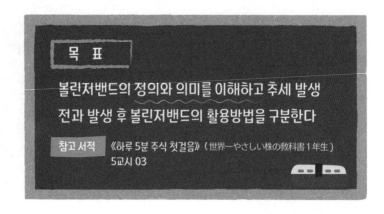

목 표

볼린저밴드의 정의와 의미를 이해하고 추세 발생 전과 발생 후 볼린저밴드의 활용방법을 구분한다

참고 서적 《하루 5분 주식 첫걸음》 (世界一やさしい株の教科書 1年生) 5교시 03

볼린저밴드는 이동평균선(25일 이동평균선: MA)과 주가의 관계를 이용한 지표로 이동평균선과 그 표준편차를 차트에 그려 넣은 여러 개의 선으로 구성된다.

추세가 나타나지 않을 때는 2σ를 수익 확정 목표로

주가들의 대부분은 이 이동평균선과 4개 밴드로 구성되는 범위 안에 들어간다는 통계학적 성질을 갖고 있다. 이것을 가장 효율적으로 응용할 수 있는 것은 추세가 아직 명확하게 나오지 않았을 때다. 명확한 추세가 발생하기 전에는 볼린저밴드의 폭이 좁고 옆으로 간다. 주가는 이동평균선을 사이에 둔 좁은 범위에서 왔다갔다하므로 주가가 ±2σ에 도달하면 밴드 안으로 다시 돌아갈 확률이 커진다.

즉, 추세 발생 이전에 매수했다면 '**매수 시점의 +2σ값을 확인하고 그 값 전후가 되면 수익을 확정한다**'고 미리 정해놓으면 높은 확률로 예상했을 때와 비슷한 수익을 거둘 수 있다. 그림으로 확인해보자.

● **볼린저밴드 구성요소**

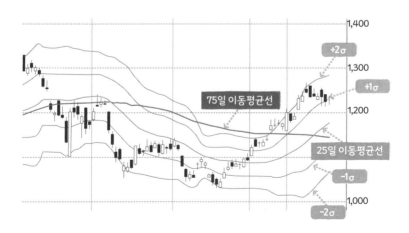

추세가 발생 후에는 종가가 +1σ 상한선 밑으로 들어올 때
수익을 확정한다

추세가 발생하면 주가가 상승하고 편차가 커지므로 볼린저밴드의 폭이 넓어지면서 위로 올라간다. 그리고 주가는 +2σ로 떨어지는 것이 아니라 +2σ 상한선을 밀어올리면서 상승한다. 추세가 지속되는 동안에는 아래 그림 하단과 같이 **'주가가 +2σ와 +1σ 사이를 움직이면서 밀어올리듯 상승한다.'**

이런 경우는 밀어올리는 추세가 한풀 꺾이는 지점에서 매도하여 수익을 확정한다. 주가(종가)가 +1σ 상한선 밑으로 들어가게 되면 **강한 추세가 조정에 들어가는 신호로 받아들이면 된다.**

● 명확한 추세가 발생하기 전 볼린저밴드를 이용한 수익 확정 방법

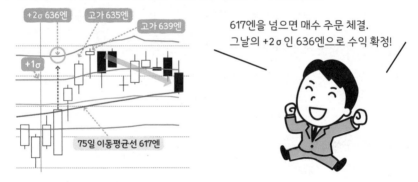

● 강한 추세가 발생할 때 볼린저밴드를 이용한 수익 확정 방법

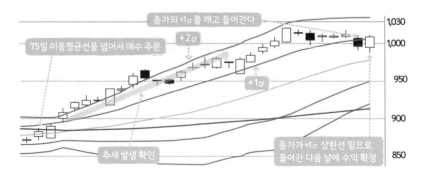

문제 12-1

중

차트는 75일 이동평균선이 아직 아래를 향하고 있는 상태에서 매수 시점에 들어온 캔들과 볼린저밴드를 나타나고 있다. 주가 정보가 있는 차트를 보면서 매수 주문을 설정하고, 볼린저밴드를 이용한 수익 확정 계획을 세워보자. 또 당일 주가 정보를 참고하여 매매 계획을 세워서 해답란에 적어보자.

해답란

❶ 볼린저밴드의 형태를 보면 현재 추세가
　□ 발생했다
　□ 발생하지 않았다

❷ 매수 포인트는 언제인가?
　(　　　)엔 이상이 되면 매수한다

❸ 매수 주문이 체결되면 수익 확정 목표는?
　(　　　)엔에 수익을 확정한다
　이유 :

● **문제** **매수 가격 책정 및 매매 계획 (9412 : 스카파)**

단순 이동평균
75일선 : 525.7

볼린저밴드
+2σ : 558.8
+1σ : 541.8
MA : 524.8
-1σ : 507.8
-2σ : 490.8

153

추세 발생 여부는 주가의 위치와 기술적 지표를 조합해서 판단한다

　문제에서도 나와 있듯이 이 차트는 아직 75일 이동평균선이 아래로 내려 가고 있으므로 추세가 강하다고 판단할 수 없다. 하지만 비슷한 위치에서 주가가 3번 정도 저점을 찍었기 때문에 앞으로 상승 추세로 바뀔 가능성이 커 보인다. 추세가 강하지 않다는 것은 볼린저밴드가 올라가지 않고 수평적 인 상태인 것에서도 알 수 있다.

　이런 상황에서는 **'75일선을 위로 뚫고 오르는 곳에서 매수하지만 아직 추 세가 강하지 않으므로 볼린저밴드 +2σ의 값에 도달하면 매도해서 수익을 확 정한다'**고 판단하는 것이 올바른 투자계획이다.

　그러면 투자계획을 세워보자. 매수 포인트는 75일선 가격인 **'526엔을 넘 어오는 527엔 이상이 되면 매수한다'**이다. 볼린저밴드 형태를 볼 때 현재는 추세가 발생하지 않았으므로 목표 수익은 **'+2σ인 558엔 또는 한 단계 아래 인 557엔에 매도해 수익을 확정하는 것'**이 무난한 투자계획이다.

● **답 맞추기** 매수 주문 체결과 볼린저밴드를 통한 수익 확정 설정 (9412 : 스카파)

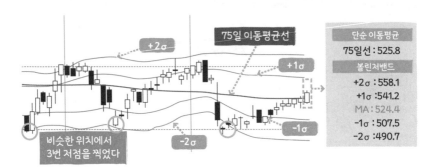

어떤 경우에도 목표 수익만 생각하지 말고 손절매 설정을 잊지 말자!

그림에서 다음 날의 움직임을 확인해보자. 강한 양봉이 75일 이동평균선을 넘어서 매수 주문이 체결되었다. **체결이 확인되면 가장 먼저 손절매를 설정**한 다음에 '목표 수익을 확인'해야 한다.

손절매는 75일선을 걸쳐 체결된 그 날의 저가 '**520엔보다 2엔 아래인 518엔 이하가 되면 매도한다**'고 설저한다. 그리고 체결된 날도 주가의 +2σ의 값은 558엔이므로 '**수익 목표를 변경할 필요가 없다.**' 추세가 발생하지 않은 상태에서 매수 주문이 체결된 후 실제 주가의 움직임을 검증해보자. 그림을 보면 매수 주문이 체결된 지 불과 5영업일 만에 +2σ에 도달했음을 알 수 있다. 그리고 +2σ에 도달한 뒤 나서는 곧바로 안쪽으로 돌아와 조정에 들어갔다. 이 움직임이나 '**추세가 발생하지 않았을 때는 +2σ을 목표로 하는 것이 매우 효과적인 전략**'이다. 다음 문제에서 추세가 발생했을 때의 전략에 대해 생각해보자.

● **검증** 수익 확정 설정 후 주가의 움직임 (9412 : 스카파)

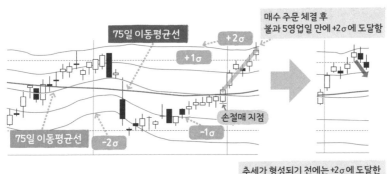

문제 12-2

여기서는 <u>문제 12-1</u>에 이어서 계속 생각해보자. +2σ에 도달한 뒤 2일간 조정을 받았고 그 뒤에는 양봉이 뜨면서 상승했다. 상승한 캔들의 꼬리는 이미 +2σ에 닿았으며 여기서 매수하기에는 상당히 어려워 보인다. 그러나 추세가 발생했을 때 볼린저밴드 사용법을 근거로 생각하면 여기에서 더 큰 수익을 칭길 수 있다. 해답란에 투자계획을 적어보자.

해답란

❶ 볼린저밴드의 형태를 볼 때 현재 위치에서 추세 전환이
  ☐ 발생했다   ☐ 발생하지 않았다
  그 이유 :

  ----

❷ 매수 지점은
  (   ) 엔 이상이 되면 매수한다

❸ 차트에서 매수 주문이 체결된 후 수익 확정 목표는?

● <u>문제</u> **추세 전환과 매매 계획 (9412 : 스카파)**

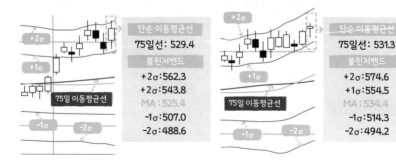

12-2 해설

추세가 발생했을 때는 주가보다 추세의 흐름을 중시한다

문제 11 에서 추세선을 여러 번 그어서 연습했으므로 이제부터는 좀 더 편하게 문제를 생각할 수 있을 것이다. 문제 11 ~ 문제 12-2 는 추세 전환 기간이 짧다는 공통점이 있다. 추세가 강할 때는 조정 기간이 짧아도(이번에는 2일) 추세 전환이 자주 발생한다. 또한, 이 시점에서 볼린저밴드가 약간 위를 향해 가는 것을 알 수 있다.

위를 향하고 있는 75일 이동평균선 위에서 추세 전환한 것을 확인하였으므로 당일 '**고가 563 + 1 = 564엔 이상일 때 매수한다**'고 설정한다. 그 결과 바로 주문이 체결되지 않고 매수 주문을 낸 지 5영업일 후에 주문이 체결되

● 답 맞추기 **추세 전환에 따른 매수와 매도 포인트 설정 (9412 : 스카파)**

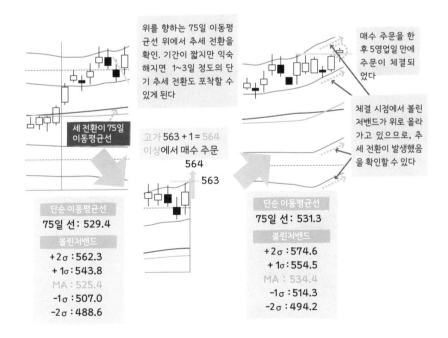

위를 향하는 75일 이동평균선 위에서 추세 전환을 확인. 기간이 짧지만 익숙해지면 1~3일 정도의 단기 추세 전환도 포착할 수 있게 된다

매수 주문을 한 후 5영업일 만에 주문이 체결되었다

체결 시점에서 볼린저밴드가 위로 올라가고 있으므로, 추세 전환이 발생했음을 확인할 수 있다

세 전환이 75일 이동평균선

고가 563 + 1 = 564 이상에서 매수 주문

564

563

단순 이동평균선
75일 선 : 529.4
볼린저밴드
+2σ : 562.3
+1σ : 543.8
MA : 525.4
-1σ : 507.0
-2σ : 488.6

단순 이동평균선
75일 선 : 531.3
볼린저밴드
+2σ : 574.6
+1σ : 554.5
MA : 534.4
-1σ : 514.3
-2σ : 494.2

었다. 체결 시점에서는 볼린저밴드가 더 위로 올라가서 추세가 발생하고 있음을 확인할 수 있다.

이 모양을 기억할까? 볼린저밴드는 위로 올라가고 캔들이 +2σ 상한선을 밀어 올리면서 상승하는 모습이다. 이 현상을 밴드 워크(Band Walk)라고 부른다. 이럴 때는 +2σ 상한선에 도달하면 매도해서 수익을 확정하지 말고 **'종가가 +1σ 상한선 밑으로 들어가면 그때 매도 주문을 진행'**한다.

한 번 수익을 낸 뒤에도 추가 기회가 있다! 놓치지 않고 추적한다

매수 주문이 체결된 뒤 실제 움직임을 살펴보자. 볼린저밴드가 위를 향해 상승하면서 캔들이 +1σ과 +2σ 사이를 오가며 상승한다. 추세가 발생했을 때 일어나는 전형적인 모습이다.

실제로 여러 번 +2σ 상한선에 부딪히면서도 추세가 꺾이지 않고 상승세를 이어간다. 그러다가 마침내 아래 그림 오른쪽 음봉의 종가가 +1σ 상한선

● 답 맞추기 **볼린저밴드에 따른 수익 확정 (9412 : 스카파)**

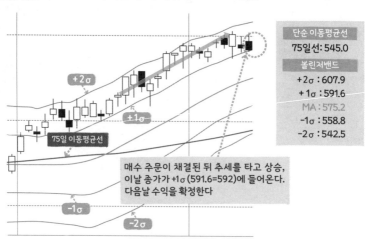

단순 이동평균선	
75일선 : 545.0	
볼린저밴드	
+2σ : 607.9	
+1σ : 591.6	
MA : 575.2	
-1σ : 558.8	
-2σ : 542.5	

75일 이동평균선

매수 주문이 체결된 뒤 추세를 타고 상승,
이날 총가가 +1σ(591.6=592)에 들어온다.
다음날 수익을 확정한다

의 값 592엔에 닿으면서 수익 확정 신호가 나온다. 이것이 확인한 다음 날에는 지켜보면서 수익을 확정해도 괜찮다.

문제 12-1 과 문제 12-2 를 비교해 보면 추세가 발생하고 있는 문제 12-2의 수익이 더 크다. 여기서 우리는 중요한 교훈을 얻을 수 있다. 사람들은 문제 12-1 에서 수익을 낸 뒤 '아, 잘했어'라고 하며 곧바로 다른 종목이 없는지 기웃거린다. 하지만 정말 큰 이익을 내는 투자자들은 추세가 발생하고 있을 때 더 큰 수익을 얻을 수 있다는 사실을 잘 알고 있기 때문에 추세가 지속되는 동안에는 한 종목을 계속 추적한다.

여러분도 한 번 수익을 낸 종목을 버리지 말고 그 종목으로 더 큰 이익을 추구해보기 바란다.

지금 당장 이 교훈을 활용하여 앞으로의 움직임과 투자 전략에 대해 생각해보고 싶은가? 물론 그럴 것이다. 그렇다면 동영상으로 그다음 내용을 보면 된다.

특별 동영상 ❹ 수익을 낸 후의 움직임
(http://www.tbladvisory.com/book003)

지금까지 매수와 매도에 관해 알아보았다. 3교시에서는 종목 선택의 달인에 도전하겠다.

3번이나 했는데 안 되었어요

지난 칼럼(Column 1 참조)에서는 주가 사이클을 예로 들어 언제나 법칙대로 되지 않을 수도 있다고 했다. 그러면 이번에는 기술적 지표를 활용하는 자세를 알아보자.

개인투자자를 위한 책을 출판하고 전 세계에서 강연을 하러 돌아다니는 나는 거의 매일 개인투자자들의 상담을 받는다. 책을 읽고 느낀 의문이나 강의 내용에 관한 질문 등 열정이 넘치는 이야기도 있고 대박 종목을 자신에게만 살짝 알려달라, 투자금을 빌려달라는 등 다른 의미에서 열정적인 이야기가 3개 국어가 넘는 언어로 매일 들어온다.

이 중 기술적 지표의 효용성에 관한 질문도 꽤 많이 받는다.

"선생님이 알려주신 MACD 지표에 따라 배운 대로 했는데 수익이 안 나요. 이거 정말 써먹을 수 있는 기술인가요?"

이렇게 항의조로 따져 묻는 사람도 있는데 그런 의문을 갖게 되는 원인은 대부분 검증 건수가 부족하기 때문이다.

"MACD를 사용해서 몇 번이나 거래하셨나요?"

"세 번 해봤는데 전혀 안 되더라고요."

이때 나는 이렇게 질문하곤 한다. 여러분도 내 질문에 대답해보자.

● 피아노곡을 3번 연습하고 나서 자신 있게 사람들 앞에서 발표할 수 있나요?

이 질문의 의도가 무엇일까?

'남들 앞에서 발표할 필요는 없다. 하지만 어떤 기술을 오롯이 내 것으로 만들었다는 자신감을 가질 수 있는 수준에 도달하려면 방대한 연습량과 검증이 필요하다.' 그러나 투자나 돈에 관해 인간은 그저 서두르기만 한다. 지금 바로 '스팸메일' 폴더를 열어보자. '10분 작업에 월 100만엔', 'XX 경력 1년에 월 천만 엔'이라는 사기 같은 메시지로 넘쳐날 것이다.

기술적 지표가 쓸모가 있는지 아닌지는 그 지표를 이용해 충분히 검증하고 나서야 결론을 내릴 수 있다. 고작 3번 해보고 안 된다는 건 '운전을 3번이나 했는데 잘 못 하겠어. 운전은 나하고 맞지 않아'라고 생각하는 것과 다름없다. 친구가 그렇게 말한다면 몇 번을 더 해보라고 하겠는가? 그 횟수가 바로 여러분이 하나의 기술적 지표를 검증하기 위해 하는 거래 횟수다.

참고로 '내 기준은 최소 30회'(절대적인 수치는 아니다). 75일 이동평균선을 이용한 거래를 익힐 때도 30회 이상 검증했다.

3번이나 했는데 안 된 것이 아니라 3번밖에 안 해서 잘 안 된 것이다. 여담이지만, 내 인생에서 세 번 만에 중요한 일을 결정한 것은 단 하나다. 아내와 세 번째 데이트에서 결혼을 결정한 것이다.

종목 선택과 관리의 달인이 되는 3가지 법칙

다양한 지표 중에서 MACD와 볼린저밴드를
마스터하고 뉴스도 이용할 수 있다면
이미 당신은 주식의 달인!

13 MACD와 볼린저밴드를 조합한 최강 기술

❶ 지표의 조합은 주가 위치와 추세에 따라 구분하여 사용한다

지표의 특징을 이해하고 조합 방법을 바꾼다

지금까지 MACD와 볼린저밴드를 이용해 매도하는 연습을 했다. 강연을 하거나 독자의 질문을 받을 때 종종 **'MACD와 볼린저밴드를 어떻게 조합하면 좋은가'**하는 질문을 많이 받는다. '두 지표를 사용하다 보면 자연스럽게 알게 된다'고 대답해왔는데(실제로 그렇다) 여기서는 좀더 이해하기 쉽도록 내가 사용하는 방법을 설명하겠다.

볼린저밴드를 이용해 매도할 때 추세 발생 여부에 따라 이용법을 구분했

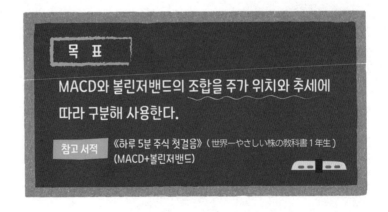

목 표

MACD와 볼린저밴드의 조합을 주가 위치와 추세에 따라 구분해 사용한다.

참고 서적 《하루 5분 주식 첫걸음》 (世界一やさしい株の教科書 1 年生)
(MACD+볼린저밴드)

는데, MACD와 볼린저밴드를 조합할 때도 기본적으로 추세 발생을 기준으로 구분한다. 이것은 두 지표에 내재된 특징에 기인한다.

❶ 추세 발생 준비 단계에는 신호가 빠른 MACD를 볼린저밴드와 함께 쓴다

그림을 자세히 보면 추세 발생 유무에 따라 MACD와 볼린저밴드의 움직임이 다른 것을 알 수 있다. 일단 추세가 발생하기 전에는 조금만 주가가 상승해도 바로 수익을 확정짓기 때문에 작은 파동이 반복된다. 이 국면에서는 추세가 짧고 단기 승부를 내야 하므로 **'짧은 시간에 빨리 사인을 내는 MACD가 유효'**하게 작용한다. 두 지표 간의 관계를 살펴보면 볼린저밴드가 +2σ 상한선에 도달하는, 즉 정점이 될 때와 MACD 히스토그램이 움푹해지는 시기가 대체로 일치한다.

즉, **'MACD가 움푹해지거나 볼린저밴드가 +2σ 상한선에 도달하면 매도를 실행하면 된다'**는 것이다.

● 추세 발생 준비 단계의 수익 확정 전략

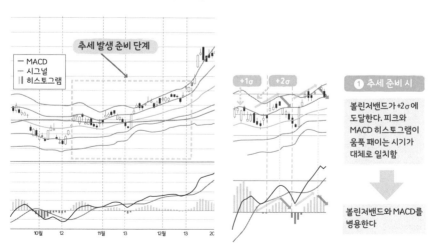

❷ 추세 발생 후에는 볼린저밴드를 중심으로

신호를 빨리 보내는 MACD의 특징은 추세가 강하게 발생할 때 오히려 방해가 된다. 그림을 보자. 추세가 강하게 발생하여 상승세를 이어가고 있지만, MACD는 중간중간 히스토그램이 가라앉는다. 이 신호에만 따르면 빠른 단계에서 매도하여 수익을 확정해야 하므로 지속적인 상승 추세에서 수익을 키울 수 없다.

추세가 강할 때는 MACD가 움푹해지는 현상에 현혹되지 않고 추세의 지속성을 보여주는 볼린저밴드에 맞춰서 거래하는 편이 유리하다. 종가가 +1σ 상한선 밑으로 들어왔을 때는 다음날 매도해서 수익을 확정하면 된다.

● 추세에 따른 전략

문제 13-1

차트에서 MACD와 볼린저밴드를 동시에 표시하여 투자계획을 세워보자. 최근의 움직임에서 주가의 위치와 추세를 판단하고 해답란에 투자계획을 적는다. 힌트는 볼린저밴드의 방향과 주가 위치의 관계다.

해답란

❶ 오른쪽 끝의 현재 주가 위치를 보면 매수 주문을 설정할 수 있다. 그 근거는 무엇일까?
- ☐ 추세선을 그어보니 추세 전환된 상태다
- ☐ 75일 이동평균선에 닿고 양봉으로 상승해왔다

❷ 자동감시주문으로 매수 주문을 설정할 때의 가격은
(   )엔 이상이 되면 매수한다

❸ 매수 주문이 체결될 경우 현시점에서 설정할 수 있는 수익 확정 목표는
(   )엔 부근이 되면 매도한다

● **문제** 추세 발생 전 투자계획 (4901 : 후지필름)

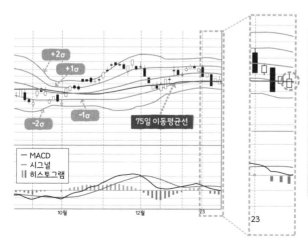

가격 정보
시가 : 2,265엔
고가 : 2,314엔
저가 : 2,299엔
종가 : 2,319엔
75일선 : 2,298엔

볼린저밴드
+2σ : 2,418
+1σ : 2,391
-1σ : 2,276
-2σ : 2,228

165

추세 발생 전에는 볼린저밴드로 목표를 설정한다

먼저 매수 근거를 알아보자. 큰 차트상에서 보면 여러 번의 상승과 조정이 보인다. 뚜렷한 추세가 발생한 것은 아니지만 75일 이동평균선이 약간 위를 향하고 있고 당일 MACD의 신호가 아래에서 위로 뚫고 올라갔다. 또 추세선을 그어보면 당일 추세 전환을 한 것을 알 수 있다. 따라서 매수 근거는 '**추세 전환과 75일선 돌파, 양쪽 다 해당한다.**'

매수 가격 설정은 추세 전환했을   의 방법으로 고가 '**2314엔 + 1엔 = 2315엔 이상 되면 매수한다**'는 주문을 넣는다. 이때는 볼린저밴드가 약간 아래쪽으로 수평한 모양이다. MACD도 선 아래에 있으며 추세가 명확하게 생기지 않았음을 알 수 있다. 이때 수익 확정 목표의 기준이 되는 것 +2σ 상한선이 위치한 2,418엔(당일 가격 정보 참조)이다. 따라서 ❸번 답은 2,418

● 답 맞추기 매수 주문과 수익 확정 목표 설정 (4901 : 후지필름)

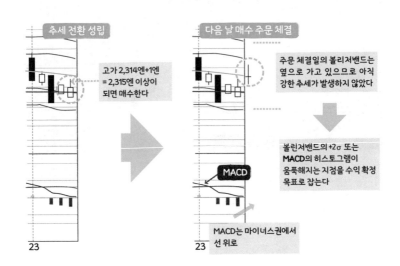

엔 부근이다.

다음 날에는 갭상승으로 출발해 고가를 넘었으므로 매수 주문이 체결되었다. 이날도 볼린저밴드의 방향은 변하지 않고 MACD는 0라인 위에 있으므로 '**+2σ 또는 MACD 히스토그램이 움푹해지는 지점을 수익 확정 목표로 잡는다**'라는 전략이 효과적이다.

실제 주가의 움직임에 맞추어 수익 확정을 구분한다

매수 주문이 체결된 후의 움직임을 보면서 실제로 수익을 확정하는 방법을 생각해보자. 체결한 지 이틀 후에는 이미 캔들의 꼬리가 +2σ 상한선에 닿았고, 3일차에는 캔들의 몸통이 +2σ에 걸쳐 있다(❶). 양봉이 커지는 4일차를 거쳐 음봉이 나타날 때까지 MACD 히스토그램은 계속 증가하고 있다.

● **답 맞추기** 두 지표의 조합으로 매도 판단 (4901 : 후지필름)

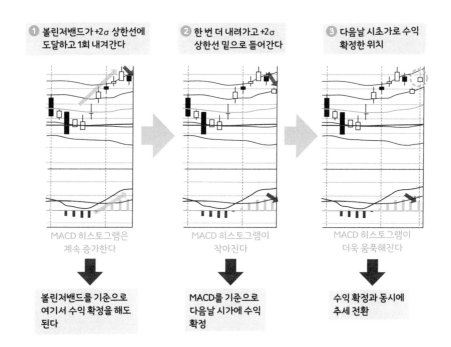

❶ 볼린저밴드가 +2σ 상한선에 도달하고 1회 내려간다

❷ 한 번 더 내려가고 +2σ 상한선 밑으로 들어간다

❸ 다음날 시초가로 수익 확정한 위치

MACD 히스토그램은 계속 증가한다

MACD 히스토그램이 작아진다

MACD 히스토그램이 더욱 움푹해진다

볼린저밴드를 기준으로 여기서 수익 확정을 해도 된다

MACD를 기준으로 다음날 시가에 수익 확정

수익 확정과 동시에 추세 전환

이때는 볼린저밴드를 기준으로 여기서 수익을 확정해도 된다. 여기서 수익을 챙기지 않아도 다음 날에는 한 번 더 내려가 +2σ 안으로 들어왔다. 동시에 MACD의 히스토그램도 움푹해진다(❷). 이 경우는, 다음 날 시초가에 매도한다.

다음날은 운 좋게 갭상승으로 출발했으므로 ❶과 비슷한 위치에서 수익을 낼 수 있었다(❸). 이날은 상승 마감했지만 1회 조정 움직임을 했기 때문에 MACD는 더욱 움푹해진다. 수익을 챙겨서 다행이다.

❶과 ❸, 둘 중 아무 데서나 수익 확정을 해도 되지만, 중요한 것은 '**추세 발생 전에는 MACD와 볼린저밴드 지표를 함께 참조하면서 구분해서 사용한다**'는 것이다. 잊지 말자.

이걸로 모든 게 해피엔딩일까? 사실 이날의 움직임에는 더 큰 가능성이 도사리고 있다.

추세 발생 전에는 MACD와 볼린저밴드를 둘 다 참조하고, 한 번 수익을 확정한 뒤에도 추세 확인을 잊지 말자!

문제 13-2

상

수익을 확정한 날부터 다음 투자계획을 세워보자. **문제 13-1** 에서 MACD를 사용하여 수익 확정한 날의 차트를 자세히 살펴보면 짧은 조정이지만 다시 추세 전환을 하고 있음을 알 수 있다. 다음 쪽 상단에서 가격 정보를 바탕으로 투자계획을 작성해보자. 하단은 추세 전환에 따른 매수 주문이 체결된 이후의 상황이다. 그런 다음 오른쪽 끝의 이 시점에서 수익 확정을 해야 하는지 판단하여 해답란에 적는다.

해답란

❶ 상단 차트 : 추세선을 그어 추세 전환 여부를 확인한 후 매수 가격을 설정한다.
（   ）엔 이상이 되면 매수한다

❷ 하단 차트 : 매수 주문이 체결된 이후 추세가 강해졌다. 그것을 판단하는 근거는?
볼린저밴드에 의한 판단 :

MACD에 의한 판단 :

여기서 '왜 매수하는지' 아직도 모르면 곤란해. 추세선을 정확하게 그어봐.

● 문제 상단 : 추세 전환에 따른 매수 지점 설정 (4901 : 후지필름)

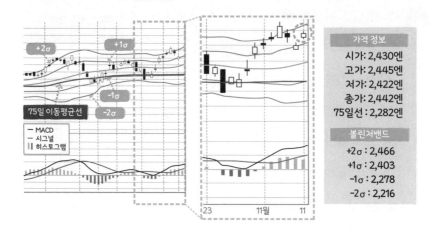

가격 정보
시가 : 2,430엔
고가 : 2,445엔
저가 : 2,422엔
종가 : 2,442엔
75일선 : 2,282엔

볼린저밴드
+2σ : 2,466
+1σ : 2,403
-1σ : 2,278
-2σ : 2,216

● 문제 하단 : 추세 발생 후 매도 판단 (4901 : 후지필름)

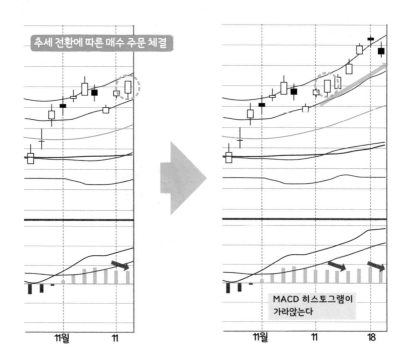

추세 전환에 따른 매수 주문 체결

MACD 히스토그램이 가라앉는다

170

13-2 해설

매수할 때는 MACD가 움푹해도 괜찮다

매도해서 수익을 확정하는 날에 이미 추세 전환을 했다고 깨닫기란 쉬운 일이 아니다. 수익 확정으로 자금이 늘어났다는 성취감을 느끼는 한편으로 긴장이 풀리기 때문이다. 하지만 그 점을 알아차리는 사람에게는 더 큰 이익이 기다리고 있다.

먼저 평소처럼 추세선을 그어보면 짧은 기간에 이미 추세 전환이 된 것을 알 수 있다. 고가를 넘어오는 곳에 매수 가격을 설정하는 것(①)은 이제 식은 죽 먹기일 것이다. 여기서 한 가지 궁금한 것은 매수를 설정하는 그날의 MACD를 보면 히스토그램이 움푹 패어 있다는 것이다. 기억하는지 모르겠다. '**MACD는 매수 사인으로 사용하지 않는다**'는 내용이었다. 부정적 재료

● **답 맞추기** 추세가 지속할 때의 매매 판단 (4901 : 후지필름)

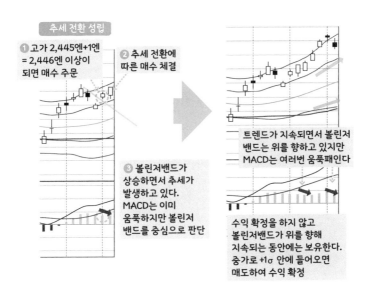

171

가 아닌 긍정적 재료를 찾아보면 볼린저밴드는 이 시점에서 모든 선이 위로 퍼지고 있으며 추세가 발생했음을 보여준다. 다음날 고가를 넘어서서 주문이 체결된 후(❷ : 2,446엔) 다시 한번 확인해보면 MACD는 더욱 움푹 패였지만, 볼린저밴드는 더욱 상향, 트렌드가 강해지고 있음을 알 수 있다. 지금부터는 'MACD는 참고 정도로 하고 볼린저밴드를 중심으로 판단해보겠다(❸).

빠른 단계에서 이익 확정이 되어 버리면 손해 본 기분이 든다, 그것이 인간

주문 체결 후 주가 흐름을 보면 본격적인 추세가 발생하여 캔들이 +1σ과 +2σ 사이에서 움직이면서 상승해간다. 한편 MACD는 주가가 상승하는 도중에도 히스토그램이 늘어나거나 줄어들면서 매도 사인을 여러 번 보낸다. 이처럼 **상승 추세가 강해지고 있지만, 지표는 그와 반대 신호를 내는 것을 '다이버전스(Divergence)'라고 한다**. 추세가 강해지고 있는데 MACD의 신호를 보고 팔아버리면 상승하는 모습을 보면서 손가락만 빨면서 손해 보는 기분이 든다. 그게 인간의 본성이다.

이런 경우에는 볼린저밴드의 수익 확정 방법을 우선으로 하며, 캔들의 종가가 +1σ 밑으로 들어가면 매도한다. 실제로 그 이후의 흐름을 보면 MACD 신호보다 훨씬 더 큰 이익이 날 때까지 상승한 후 +1σ 안에 들면서 추세가 끝났다.

이 문제에서는 2가지 큰 힌트를 얻을 수 있다.

- 1회 매매를 마치고 수익을 확정해도 다음 기회가 오기를 지켜본다
- 추세가 발생할 때는 짧게 신호가 발생하는 MACD보다 볼린저밴드를 중심으로 판단한다

추세가 지속될 때의 매도 판단은 정말 어렵지만, 자신의 수익 폭을 결정하는 중요한 일이기도 하다. 다음 문제에서 더 자세히 추세가 지속하는 동안 투자 계획과 수익 확정을 생각해보자.

● 답 맞추기 그 후의 주가 변동과 수익 확정 방법 (4901 : 후지필름)

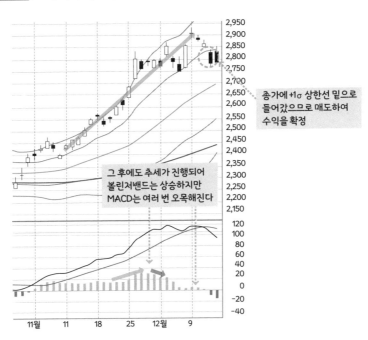

종가에 +1σ 상한선 밑으로 들어갔으므로 매도하여 수익을 확정

그 후에도 추세가 진행되어 볼린저밴드는 상승하지만 MACD는 여러 번 오목해진다

상

문제 13-3

다음 차트는 이미 추세가 발생한 상태이다. **A**는 한번 추세가 발생하여 수익을 확정했고 그 후 추세 전환한 모습이다. **B**는 추세 전환으로 인하매수가 체결되고 더욱 강력한 추세가 발생하고 있다. **A**와 **B**에 관해 해답란에 투자 계획을 적어보자.

해답란

A 가장 오른쪽 캔들의 위치에서 매수 주문을 설정한다. 이때의 수익 목표는 얼마일까? **B**가 없다는 전제하에 근거도 이야기해보자.
- □ 볼린저밴드가 보합세이므로 +2σ를 목표로 한다
- □ MACD 히스토그램이 0라인 아래에 있으므로 매수하지 않는다
- □ 추세가 강하게 이어지고 있으므로 볼린저밴드가 +1σ 밑으로 들어오는 지점을 목표로 한다

그 근거는?

B 더욱 강한 추세를 이어가다가 당일 MACD가 움푹해졌다. 여기서 매도하여 수익을 확정해야 할까?
- □ 추세가 강하기 때문에 MACD의 오목한 부분은 참고만 한다
- □ 수익을 충분히 확보했으므로 이쯤에서 얌전히 철수한다

A는 추세 전환할 때의 그림.
B는 **A** 이후의 움직임.

추세 전환할 때의 매수와 그 후의 MACD, 볼린저밴드를 이용한 수익 확정을 할 수 있으면 걱정 없어!

● **문제** **추세가 길게 지속할 경우의 매매 전략 (4812 : ISID)**

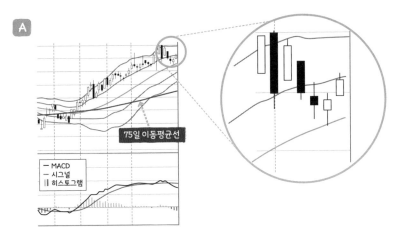

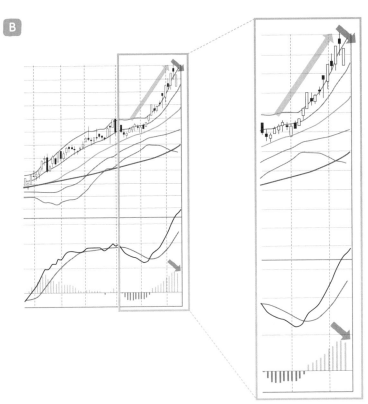

볼린저밴드가 옆으로 횡보해도 +2σ 이상까지 가져간다

A의 매수 지점 설정은 이제 눈을 감아도 알 수 있을 것이다. 추세선이 명확하게 전환했으므로 고가를 넘었을 때 매수하는 것이 올바른 매수 방법이다(**C**). 문제는 매수 시점에서 추세를 어떻게 판단하느냐다.

MACD가 0라인 아래라서 살 수 없다고 생각한 사람은 첫 번째 문제를 다시 한번 풀어보자.

현재 주가의 움직임은 75일 이동평균선이 분명히 위로 가고 있고 볼린저밴드도 폭이 넓어진 상태에서 위로 올라가고 있다. 추세 전환을 해서 매수한 이날은 며칠간 조정을 거치면서 보합세를 보였다.

이것은 추세가 없어졌다고 판단하기보다는 '**추세가 지속되는 가운데 조정이 끼어 있을 뿐**'이라고 생각하는 것이 좋은 판단이다. 따라서 **수익 확정 목표는 +2σ가 아니라 그 값을 넘어서 계속 상승한다면 그대로 쭉 가져간다**고 정해두는 것이 정답이다.

● **답 맞추기** **추세 전환 후의 매수 투자 판단 ①**

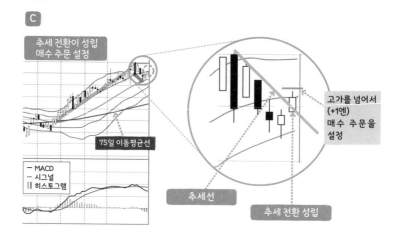

C

추세 전환이 성립
매수 주문 설정

고가를 넘어서
(+1엔)
매수 주문을
설정

75일 이동평균선

- MACD
- 시그널
∥ 히스토그램

추세선

추세 전환 성립

실제로 다음 날은 고점을 넘어 매수 주문이 체결되었지만(**D**) 이틀간 양봉인 캔들이 상승했으므로 MACD의 히스토그램은 마이너스로 증가하는 (하락하는) 움직임을 멈췄고 볼린저밴드가 미묘하게 위로 가기 시작한 것이 보인다.

다이버전스에 동요하지 않는다

그 이후로는 더욱 강력한 추세가 발생하여 기세 좋게 상승한다. 그리고 캔들이 +2σ 상한선을 밀어올리는 전형적인 추세 지속 패턴을 보이면서 올라간다. 이제 알 것이다. '**B**에서 일어나는 다이버전스의 타이밍은 서둘러 수익 확정을 할 것이 아니라 계속 보유해야 하는 시점'이라는 것을 말이다. 그러나 이날은 양봉이긴 하지만 상당한 폭으로 갭하락했으므로 이익이 줄어드는 것을 꺼리는 투자자들에게는 견디기 어려운 시점이다. 강인한 투자자는 이런 국면에서 대응할 수 있는 강한 정신력을 갖추고 있는지에서 판별된

● **답 맞추기** 추세 전환 후의 매수 투자 판단 ②

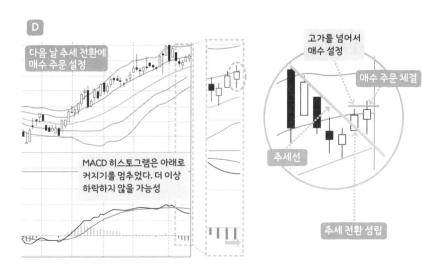

다. 이때만이 아니라 상승하는 동안 다이버전스는 다시 발생한다(❷). 여기까지 견뎌내면 드디어 추세가 끝나는 신호가 나오면서 수익을 확정할 때가 찾아온다(❸). 이 문제에서 얻을 수 있는 교훈을 정리해보자.

- ● 추세가 지속되고 있을 때 추세가 전환되면 목표를 더 높게 설정한다
- ● 다이버전스가 발생했을 때 동요하는 것은 당연한 심리이며 이를 극복하면 강인한 투자자가 될 수 있다

상당히 풀기 어려운 문제였을 것이다. 지금까지의 내용을 이해하고 실전에 적용할 수 있다면 여러분도 주식 고수의 반열에 오를 것이다. 이해를 돕기 위해 동영상으로도 알기 쉽게 설명했다. 여러 번 보고 숙지하도록 하자.

특별 동영상 ❺ MACD와 볼린저밴드를 조합하여 수익을 확정한다
(http://www.tbladvisory.com/book003)

매수와 매도 방법을 마스터한 여러분에게는 이제 아무것도 무서울 것이 없다. 이렇게 말하고 싶지만 '무서운 것'은 아니지만, 여러분을 세련된 투자자로 이끄는 법칙을 준비해두었다. 다음에는 기업의 펀더멘탈 정보로 좋은 종목을 선별하는 법칙을 깊이 있게 살펴보겠다.

● **답 맞추기** 추세 전환에 따라 매수할 때의 투자 판단

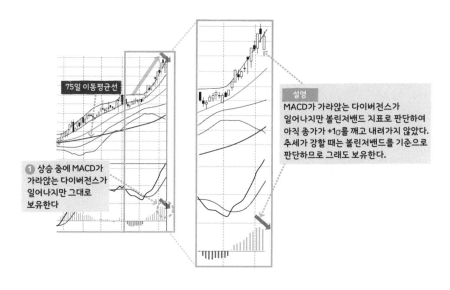

75일 이동평균선

❶ 상승 중에 MACD가 가라앉는 다이버전스가 일어나지만 그대로 보유한다

설명

MACD가 가라앉는 다이버전스가 일어나지만 볼린저밴드 지표로 판단하여 아직 종가가 +1σ를 깨고 내려가지 않았다. 추세가 강할 때는 볼린저밴드를 기준으로 판단하므로 그래도 보유한다.

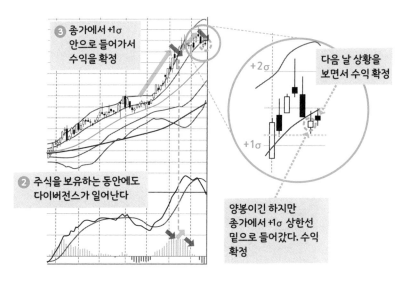

❸ 종가에서 +1σ 안으로 들어가서 수익을 확정

다음 날 상황을 보면서 수익 확정

+2σ

+1σ

❷ 주식을 보유하는 동안에도 다이버전스가 일어난다

양봉이긴 하지만 종가에서 +1σ 상한선 밑으로 들어갔다. 수익 확정

다이버전스란

추세가 강해졌을 때 기술적 지표가 반대 신호를 내는 것.
추세가 지속되는 한 다이버전스에 동요하지 말고 주식을 보유한다!

14 펀더멘탈 분석은 4가지 지표로 결정한다

❶ 망설여지면 펀더멘탈을 보라

같은 형태라면 4가지 기준으로 살 수 있는 종목을 선별한다

이제 투자할 수 있는 종목을 골라내는 것은 문제 없을 것이다. 매매 시점 분석에 익숙해지면 이번에는 너무 많은 종목이 눈에 들어와서 곤란해질 수 있다. 한정된 자금 중 적절한 종목을 추려서 투자하는 데 필요한 것이 펀더멘탈 분석(기본적 분석)이다. 《하루 5분 주식 첫걸음(世界一やさしい株の 教科書1年生)》에서는 4가지 기준과 이를 충족하는 지표를 사용하여 필요 최소한의 시간으로 펀더멘탈을 분석하는 방법을 소개했다.

여기서 4가지 기준을 복습해보자.

목 표

펀더멘탈 분석에 사용되는 PER, PBR 등 4가지 지표를 이해한다.

참고 서적 《하루 5분 주식 첫걸음》(世界一やさしい株の教科書1年生) 6교시 02

❶ 주가가 고평가 되어 있지 않은가

❷ 기업의 재정 상태가 안정적인가

❸ 착실히 돈을 벌고 있는가

❹ 주주를 소중히 여기는가

우선 저평가 정도와 안정성 분석부터

주식투자의 묘미는 쌀 때 사서 비쌀 때 파는 데 있다고 한다. 일단 기업의 실적(이익)과 자산(순자산)을 근거로 저평가 정도를 측정하는 두 가지 지표부터 기억하자.

첫 번째 지표는 '**주가 수익률**'로 번역되는 EPS(Earning Per Share, 주당순이익)와 PER이다. 둘 다 기업의 이익에 주목하여 4가지 기준 중 '**저평가 정도를 측정하는 지표**'로 사용된다.

● 펀더멘탈 분석의 4가지 지표는 한 세트로 기억한다

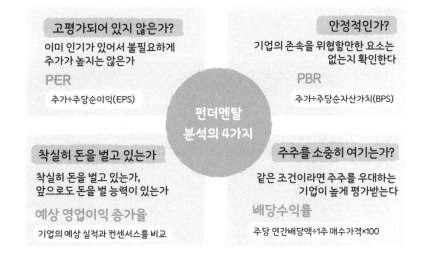

고평가되어 있지 않은가?
이미 인기가 있어서 볼필요하게
주가가 높지는 않은가
PER
주가÷주당순이익(EPS)

안정적인가?
기업의 존속을 위협할만한 요소는
없는지 확인한다
PBR
주가÷주당순자산가치(BPS)

펀더멘탈
분석의 4가지

착실히 돈을 벌고 있는가
착실히 돈을 벌고 있는가,
앞으로도 돈을 벌 능력이 있는가
예상 영업이익 증가율
기업의 예상 실적과 컨센서스를 비교

주주를 소중히 여기는가?
같은 조건이라면 주주를 우대하는
기업이 높게 평가받는다
배당수익률
주당 연간배당액÷1주 매수가격×100

다음은 기업이 보유한 순자산에 주목하여 안정성과 저평가 정도를 측정하는 **PBR**이다. PBR은 '**주가순자산비율**'이라는 뜻이며 BPS(주당 순자산가치)와 세트로 기억하면 쉽게 외울 수 있다.

앞으로도 계속 돈을 벌어들일 수 있을지,
주주를 소중히 여기는지도 확인한다

기업은 뭐니 뭐니 해도 돈을 버는 능력이 중요하다. 이 능력을 알고 싶으면 재무제표를 보고 이익을 창출하고 있는지, 이익률이 얼마인지 등을 확인할 수도 있다. 하지만 이익률은 지금 이 순간의 수치이며 앞으로도 그만한 이익률이 지속될지는 분명하지 않다. 앞으로도 이익이 늘어날지 확인하는데 매우 유용한 지표가 '**예상 이익증가율**'이다.

마지막으로 저금리 기조가 오래 지속된 현재 상황에서 은행 예금보다 훨씬 큰 이율을 얻을 수 있게 하는 '**배당수익률**'을 눈여겨봐야 한다.

자, 이제 4가지 지표를 기억했을까? 그러면 아래 칠판에 4가지 지표를 구하는 방법이 나와 있는데, 각 지표가 어떤 상태여야 하는지, 즉 선택의 기준을 설명할 수 있을까?

펀더멘탈 분석의 4가지 지표를 계산하는 법

PER : 주가÷주당순이익(EPS)
PBR : 주가÷주당순자산가치(BPS)
예상 이익증가율 : 기업의 예상 실적과 컨센서스를 비교
배당수익률 : 주당 연간배당액÷1주 매수가격×100

문제 14-1

펀더멘탈 지표를 스스로 계산하는 연습을 해보자. 대표하는 자동차 기업 3사의 정보를 예로 들어, PER과 PBR을 계산하자. 일일이 계산하지 않아도 인터넷으로 검색하면 어렵지 않게 알 수 있지만 한 번쯤은 스스로 계산해보면 훨씬 머릿속에 잘 들어갈 것이다.

해답란

❶ 각 회사의 주가와 참고 지표를 근거로 PER과 PBR을 계산하자.

❷ 분석한 펀더멘탈 정보를 바탕으로 투자에 적합한 종목을 선정하자.

어려운 수학적 지식이 필요하진 않으므로 꼭 한번 정답을 보기 전에 스스로 계산해보자.

문제 대형 자동차 기업 3사의 펀더멘탈 지표를 계산해보자

7201 수송용 기기 닛산자동차(주)	1,004	7203 수송용 기기 도요타자동차(주)	5,393	7267 수송용 기기 혼다	2,737.5
상세 정보		상세 정보		상세 정보	
전일 종가	1,009	전일 종가	5,428	전일 종가	2,776
시가	1,008	시가	5,392	시가	2,763.5
고가	1,016	고가	5,442	고가	2,782
저가	999.1	저가	5,351	저가	2,721
참고 지표		참고 지표		참고 지표	
시가 총액	4,512,694백만엔	시가 총액	18,001,820백만엔	시가 총액	4,958,785백만엔
발행주식수	4,494,715,112주	발행주식수	3,337,997,492주	발행주식수	1,811,428,430주
배당수익률	4.78%	배당수익률	3.84%	배당수익률	3.21%
배당금(회사예상)	48.00	배당금(회사예상)	–	배당금(회사예상)	88.00
EPS(회사예상)	125.27	EPS(회사예상)	482.11	EPS(회사예상)	216.39
BPS(실적)	1,132.61	BPS(실적)	5,513.08	BPS(실적)	3,751.59

PER   배   PER   배   PER   배

PBR   배   PBR   배   PBR   배

고등 수학 수준이 아니므로 개념을 알면 달달 외우지 않아도 된다

막상 계산하려고 하니 어떻게 해야 할지 몰라서 앞쪽으로 돌아가 공식을 열심히 베꼈는가?《하루 5분 주식 첫걸음(世界一やさしい株の教科書1年生)》에서도 말했듯이 가뜩이나 눈에 익지 않은 재무지표를 EPS, PER 등의 용어를 적용하며 억지로 외우려 해도 잘되지 않을 것이다. EPS가 무엇을 의미하는지, 그것과 PER이 어떻게 얽혀 있는지를 이해하면 자연스럽게 계산할 수 있다.

먼저 PER을 계산해보자. PER는 EPS와 세트로 계산하며 **'EPS는 주당 이익'**으로 정의된다. EPS로 현재 주가를 나누고 그 배수를 나타내는 것이 PER이다. 말하자면 현재 이 기업이 창출한 이익에 비해 주가가 몇 배나 상승했는지를 나타내는 지표다. PER이 높아진다는 것은 **많은 투자자들이 이 종목을 매수해서 이익에 비해 비싸져 있다는 뜻이다.** 일반적으로 '인기가 지나치

● 답 맞추기 1 펀더멘탈 지표의 계산 정답

7201 수송용 기기 닛산자동차(주)	1,004	7203 수송용 기기 도요타자동차(주)	5,393	7267 수송용 기기 혼다	2,737.5
상세 정보		상세 정보		상세 정보	
전일 종가	1,009	전일 종가	5,428	전일 종가	2,776
시가	1,008	시가	5,392	시가	2,763.5
고가	1,016	고가	5,442	고가	2,782
저가	999.1	저가	5,351	저가	2,721
참고 지표		참고 지표		참고 지표	
시가 총액	4,512,694백만엔	시가 총액	18,001,820백만엔	시가 총액	4,958,785백만엔
발행주식수	4,494,715,112주	발행주식수	3,337,997,492주	발행주식수	1,811,428,430주
배당수익률	4.78%	배당수익률	3.84%	배당수익률	3.21%
배당금(회사예상)	48.00	배당금(회사예상)		배당금(회사예상)	88.00
EPS(회사예상)	125.27	EPS(회사예상)	482.11	EPS(회사예상)	216.39
BPS(실적)	1,132.61	BPS(실적)	5,513.08	BPS(실적)	3,751.59

PER	8.01 배	PER	11.19 배	PER	12.65 배
PBR	0.89 배	PBR	0.98 배	PBR	0.73 배

게 많으면 주가가 비싸졌을 가능성이 높다'고 분석한다. 닛산자동차를 예로 들어 PER을 계산하자. 현재 주가가 1004엔이고 EPS는 125.27이므로 PER=1004÷125.27=8.01로 계산할 수 있다.

모든 것이 뛰어난 종목은 존재하지 않는다. 기준점을 정한다

다음은 PBR이다. PBR과 함께 구성된 '**BPS는 주당 배분할 수 있는 순자산, 주주 1명에게 배분되는 주주에게 귀속되는 자산의 금액**'을 나타난다. 현재 주가를 BPS로 나누면 '현재 주가로 이 종목을 사는 것이 이득인지' 알 수 있다. PBR가 1 이하이면 주주에게 귀속되는 자산이 더 큰 것이고, 현재 주가에 매수하면 더 큰 자산을 청구할 수 있으므로 매수, 즉 저렴한 상태라고 할 수 있다. 도요타자동차의 BPS는 5513.08, 현재 주가는 5,393으로 PBR은 5395÷5513.08=0.98로 계산된다. 거의 1이기 때문에 이 종목을 사면 손해도 이득도 없다는 것을 의미한다.

● **답 맞추기 2** 종목 선정

7201	닛산자동차		7203	도요타자동차		7267	혼다
PER	8.01배		PER	11.19배		PER	12.65배
배당수익률	4.78%		배당수익률	3.84%		배당수익률	3.21%
PBR	0.89배		PBR	0.98배		PBR	0.73배

PER는 상대적으로 저렴한 상태, PBR은 혼다가 더 저렴하지만 배당수익률까지 비교하면 거의 5%인 닛산자동차가 매수하기 좋다

185

이상의 계산 결과에 배당수익률까지 포함하여 표로 정리한 것이 그림이다. PER는 3개 종목의 상대적 비교에서 닛산자동차가 저렴한 상태이고 PBR은 혼다가 더 저렴하다. 또 다른 지표인 배당금으로 비교하면 거의 5%이므로 종합적으로 볼 때 닛산이 투자자들에게 사기 좋은 상태로 분석된다. 이러한 모든 지표에서 절대적으로 우수한 종목은 드물다. 기준점을 정하는 게 중요하다.

문제 14-2

이번에는 대표하는 제약회사 2개를 이용해 지금까지 공부한 것을 망라하여 종목을 선정해보자.

기술과 펀더멘탈 분석이 모두 필요하므로 이 문제를 풀 수 없을 때는 이 시점에서 앞의 법칙13 으로 돌아가서 복습한 다음 다시 풀어보자 그리고 다음 두 종목에

대해 주어진 정보를 바탕으로 투자해야 할 종목을 선정하자.

해답란

❶ 4568 : 다이이치산쿄(第一三共) 분석
기술적 분석 :
펀더멘탈 분석 : PER(　　)배
　　　　　　　　PBR(　　)배

❷ 4503 아스테라스제약 분석
기술적 분석 :
펀더멘탈 분석: PER(　　)배
　　　　　　　PBR(　　)배

❸ 투자해야 할 종목은 무엇인가?

● 문제 1   차트와 펀더멘탈의 조합 (4568 : 다이이치산쿄)

● 문제 2   차트와 펀더멘탈의 조합 (4503 : 아스테라스제약)

펀더멘탈적으로 우수한 것과 매수 타이밍은 다른 이야기

우선 매수 타이밍을 재는 기술적 분석의 관점에서 두 종목을 분석해보자. 다음의 기술적 분석을 위한 차트를 보자.

최대 제약사인 다이이치산쿄(4568)는 오랜 상승 추세가 이어진 뒤 현재는 일시적으로 75일 이동평균선이 깨고 내려갔다. 여기서 다시 75일선으로 접근하여 상승 추세를 이어갈 것으로 볼 수도 있지만, 고점을 이미 3회 이상 높여갔으므로 주가가 고평가되어 있을 가능성이 있다고 분석하는 것이 자연스럽다.

또 최근에는 고점이 꺾이면서 75일선 아래에 와 있어 앞으로 하락 추세로 바뀔 가능성도 있다. 반면 아스테라스제약(4503)은 오랜 하락 추세가 이어지면서 저점을 낮춰왔다. 75일선은 아직 아래를 향하고 있고 주가가 75선을 한 번 돌파했다가 조정에 들어가 75일선으로 돌아온 상태다. 상승 추세가 발생했다고 단언하기보다는 조정이 끝나면 상승 2국면으로 돌입할 가능성이 있다고 분석된다.

이렇게 생각하면 **'매수 타이밍이라는 측면에서는 앞으로 추세가 발생할 수도 있는 아스테라스제약을 선택하는 것이 무난하다.'**

다음은 펀더멘탈 측면에서도 아스테라스제약이 저평가되어 있는지 검증해보자.

펀더멘탈 분석을 하려면 우선 181쪽에서 이야기한 지표들이 모두 갖추어져 있는지 확인해야 한다. 187쪽의 기업 펀더멘탈 정보를 보면 예상 이익증가율과 배당수익률은 있지만 PER와 PBR이 없다.

"엇, 어떡하지?"라고 당황했는가? 그렇다면 문제 14-1 의 내용을 잊어버렸을 수도 있다.

문제 14-1 로 돌아가서 정보가 부족할 때는 어떻게 계산했는지 확인한 후 다시 한번 이 내용을 보자.

자, 이제 대답해보자. PER과 PBR은 어떻게 계산했는가?

PER과 EPS는 한 세트이므로 주가와 EPS을 알 수 있으면 PER도 계산할 수 있다. 또는 PBR과 BPS와 세트이므로 187쪽에 있는 정보만으로 충분히 계산할 수 있다.

● 답 맞추기 1 **차트상 분석과 판단 (4568: 다이이치산쿄)**

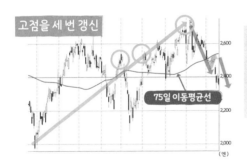

긴 상승 추세가 계속되면서 비교적 주가가 고평가되었을 가능성. 최근에는 고점이 낮아지면서 75일 이동평균선을 깨고 내려갔다. 따라서 앞으로 하락할 가능성도 있다

● 답 맞추기 2 **차트상 분석과 판단 (4503 : 아스테라스제약)**

긴 하락 추세 후 75일 이동평균선을 1회 돌파하면서 상승 추세가 발생 중. 조정이 끝나면 상승 2국면으로 돌입할 가능성이 있다

매수 타이밍인 동시에 펀더멘탈적으로 저평가된 종목이 최상

문제 14-1 에서 공부한 실력을 바탕으로 펀더멘탈 지표를 계산하여 두 기업을 비교해 보자. 이번에는 '**미래에도 제대로 돈을 벌 수 있는지 나타내는 예상 이익증가율**'까지 넣어서 분석하겠다.

그림에 계산 결과를 정리한 표가 있으므로 그것을 보면서 분석하면 된다. **PER**은 도쿄증권 전체의 평균 PER(통상 15~17배 추이)에 가까운 16.2배인 아스테라스제약이 더 낮다. 차트에서 확인한 대로 현재 주가는 PER로 봐도 다이이치산쿄가 비교적 높은 수준이다. **PBR**의 결과를 보면 다이이치산쿄가 더 낮다. 주가의 저평가 정도를 측정하는 두 지표에서는 거의 무승부이므로 나머지 지표에서 승부가 결정된다. '**배당수익률**'은 다이이치산쿄가 2.97%로 더 높아서 투자자들이 선호할 것 같지만 기업의 궁극적인 목표인 수익 창출이라는 관점에서는 '**예상 이익증가율**'이 높은 아스테라스제약의 손을 들어주게 된다.

● 답 맞추기 3 펀더멘탈에 따른 최종 결정

4503	아스테라스제약
PER	16.72배
배당수익률	2.23%
PBR	2.58배
예상 이익증가율	2.38%

PER 지표 비교는 아스테라스제약이 저평가

PBR 지표 비교는 다이이치산쿄가 저평가

예상 이익증가율은 아스테라스제약이 높다

4568	다이이치산쿄
PER	24.99배
배당수익률	2.97%
PBR	1.31배
예상 이익증가율	-18.29%

PBR과 배당수익률 측면에서는 다이이치산쿄가 우수하지만 기술적으로 매수하기 쉬운 위치이고 실적 측면에 평가했을 때도 저평가인 아스테라스제약을 선택한다

3교시 종목 선택과 관리의 달인이 되는 3가지 법칙

정리하자면 PBR과 배당수익률은 다이이치산쿄가 낮지만 주가가 기술적으로 매수하기 좋은 위치에 있고 **'실적으로 평가했을 때 저평가 된 아스테라스제약을 선택하는 것이 타당한 투자 행동'**이라고 생각된다.

문제 14-2 가 어렵게 느껴지는 것은 어떻게 보면 당연한 일이다. 뒤집어 말하자면 이 문제를 술술 푼 사람은 전문투자자와 비슷한 수준에 도달했다고 생각하면 된다. 어려운 문제이기 때문에 이 분석 과정은 동영상으로도 제공하고 있다. 여러 번 보면서 방법을 마스터하도록 하자.

특별 동영상 ⑥ 종목 선정
(http://www.tbladvisory.com/book003)

다음 법칙에서는 지표뿐만 아니라 펀더멘탈의 또 다른 요소인 '뉴스'를 활용하는 방법을 살펴보겠다.

15 뉴스의 올바른 사용법

❶ 뉴스가 나왔다면 매수하기 전에 사용법을 생각하라

먼저 뉴스의 종류를 나눈다

매수는 주식 초보뿐만 아니라 전문투자자에게도 영원한 과제다. **좋은 종목을 적절한 타이밍에 사들일 수 있다면 이미 90% 이상 이긴 투자**라고 해도 과언이 아니다.

종목을 매수할 때 잘 이용하는 재료가 소스가 '**뉴스**'다. 그 종목에 관해 화제가 될 만한 뉴스가 나오면 당연히 주가가 움직인다.

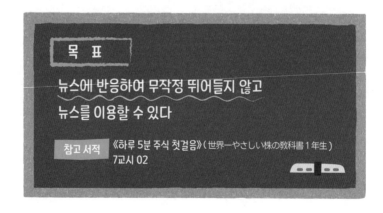

목 표

뉴스에 반응하여 무작정 뛰어들지 않고
뉴스를 이용할 수 있다

참고 서적 《하루 5분 주식 첫걸음》(世界一やさしい株の教科書1年生)
7교시 02

하지만 뉴스가 나왔다고 해서 바로 뛰어들 것이 아니라 좋은 재료와 나쁜 재료로 나누어 생각해야 한다. 즉 **'뛰어들기 전에 원 쿠션을 놓는'** 것이다.

좋은 재료를 듣고 매수하는 것은 누구나 할 수 있다
때로는 아무것도 하지 않는 것도 프로의 기술

종목을 적절하게 매수하여 이익을 내려면 뉴스를 역이용할 줄 알아야 한다. 실적이 예상보다 좋았다는 소식에 '그럼 매수하자'고 반응하는 것은 당연하면서도 누구나 할 수 있는 일이다. 오히려 지금은 뉴스가 나와서 매수세가 크지만, 주가 위치를 보면 과열·고점 양상을 보이기 때문에 관망하겠다고 결정할 수 있는 것이 진정한 프로다.

좋은 소식이 나왔을 때, 그 종목이 펀더멘탈적으로도 뛰어나고 주가 위치도 아직 고가권이 아니라면 큰 문제가 없다. 즉 **'앞으로 상승하려는 종목에 관해 좋은 재료가 나오면 투자자들의 주목도가 증가하고 상승에 속도가 붙기 때문에 투자할 가치가 충분하다'**고 할 수 있다.

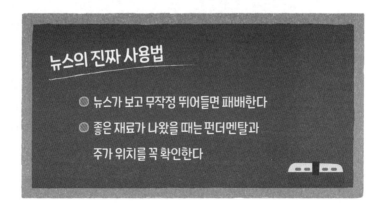

뉴스의 진짜 사용법

◉ 뉴스가 보고 무작정 뛰어들면 패배한다
◉ 좋은 재료가 나왔을 때는 펀더멘탈과
　주가 위치를 꼭 확인한다

나쁜 뉴스는 사용하기에 따라 큰 수익을 기대할 수 있다

좋은 소식 이상으로 활용 가치가 높은 것이 나쁜 소식이다. 다만 나쁜 소식은 그 종목에 미치는 영향이 얼마나 큰지 생각해야 한다. 그 뉴스가 일시적인 것인지 또는 존속과 관련된 문제인지에 따라 투자 판단을 바꾼다. **기업의 펀더멘탈이 탄탄하고** 그 뉴스가 **일시적인 악재**에 불과하다면 좋은 종목을 싸게 살 수 있는 바겐세일의 기회로 활용할 수 있다. 이 전제가 가장 중요하므로 꼭 기억하자.

'나쁜 뉴스가 나오면 대바겐세일!'
이라고 생각하면 안 돼.
먼저 뉴스가 미치는 영향력을 생각해봐야 해!

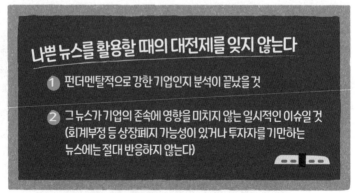

나쁜 뉴스를 활용할 때의 대전제를 잊지 않는다

① 펀더멘탈적으로 강한 기업인지 분석이 끝났을 것

② 그 뉴스가 기업의 존속에 영향을 미치지 않는 일시적인 이슈일 것
(회계부정 등 상장폐지 가능성이 있거나 투자자를 기만하는 뉴스에는 절대 반응하지 않는다)

문제 15-1

《하루 5분 주식 첫걸음 (世界一やさしい株の教科書1年生)》에서는 일본 도쿄에서 판다가 태어났다는 뉴스로 주가가 요동쳤던 도텐코와 세이요켄이라는 중화요리점을 예시로 들었었다. 여기서는 그때 상투를 잡은 투자자가 교훈을 얻고 투자 패턴을 개선했는지 검증해보자. 다음 차트와 뉴스를 참고하여 현시점에서의 투자 판단을 해답란에 적어보자.

해답란

❶ 2013년 5월 28일, 2012년에 이어 '판다가 임신했다'는 뉴스로 주가가 크게 상승했다. 여러분의 투자 판단은?
  ☐ A 절호의 매수 기회가 찾아왔으니 비중을 크게 실어 확 지른다
  ☐ B 아무것도 하지 않는다

❷ 그렇게 투자 판단한 이유를 설명하자.
  _____
  _____
  _____

❸ 매수한다고 판단했을 경우, 매수 지점과 손절매 지점을 적어보자.

● 문제 **투자자들은 투자 행태를 고쳤을까? (8181 : 도텐코)**

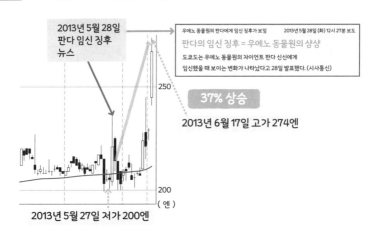

2013년 5월 28일 판다 임신 징후 뉴스

우에노 동물원의 판다에게 임신 징후가 보임   2013년 5월 28일 (화) 12시 27분 보도
판다의 임신 징후 = 우에노 동물원의 상상
도쿄도는 우에노 동물원의 자이언트 판다 신신에게 임신했을 때 보이는 변화가 나타났다고 28일 발표했다. (시사통신)

37% 상승
2013년 6월 17일 고가 274엔

2013년 5월 27일 저가 200엔

역사는 되풀이되어도 같은 잘못은 되풀이하지 않는다

전작에서는 인간의 사고 회로가 얼마나 대단한지 이야기한 바 있다. 그리고 그 뉴스에 무리하게 올라탄 투자자들이 큰 손실을 보았다고도 했다. 그 1년 뒤 다시 임신 징후라는 뉴스가 나왔지만, 투자자들은 똑같은 행동을 했다. 주가는 연이어 폭등했고 폭등 전 저점에서 상승하여 고점을 찍기까지 무려 35%나 올랐다.

여기서 기꺼이 매수하겠다고 해답란에 적었다면 아래 그림을 보면서 한번 생각해보자. 30% 상승 후 수익 확정 물량이 나오는 순간 '가짜 임신 가능성'이라는 뉴스가 나왔다. 주가에 직격타다. '판다 관련 종목'이라는 장르까지 형성한 두 종목은 하한가에 가까운 하락세를 이어가면서 결국 뉴스가 나오기 전보다 더 떨어지고 말았다. 매매 포인트를 생각하기 전에 '**아무것도 하지 않는다**'가 정답이다.

● 답 맞추기 **역사는 반복된다 (8181: 도텐코)**

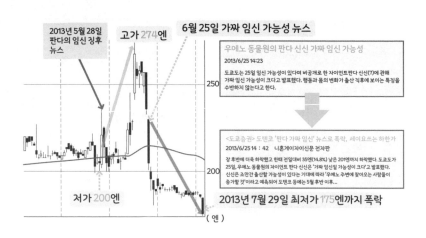

학습 효과가 없는 행동은 손실을 키운다

● 펀더멘탈적으로 뛰어나고 일회성이 아닌 성장성이 있는가
● 주가 위치가 아직 과열되지 않아 앞으로도 올라갈 여지가 있는가?

이 두 가지에 대해 노(No)라는 대답밖에 나오지 않는다면 투자하지 말아야 한다. 현명한 투자자는 여기서 신규 매수를 하지 않으며 보유하고 있다가 비싸게 들어오는 매수세를 보고 매도하며 나간다.

자, 그럼 인간의 학습능력을 믿고 2016년에 들어서면서부터의 움직임을 살펴보자. 지난 2월 12일 '아기 판다 탄생에 대한 기대가 높아진다'는 소식이 전해지자 당일 다시 뉴스에 뛰어드는 투자자들이 몰리면서 갭상승하더니 상한가를 찍었다. 다음 날부터는 대폭락하기 시작했고 6월 시점까지 계속 내려갔다. 이제 당신이 이렇게 꾸짖을 차례다.

"도대체 언제쯤 학습할 건가요?"

● 검증 **투자자는 시간이 흘러도 학습하지 못하는 걸까? (8181 : 도텐코)**

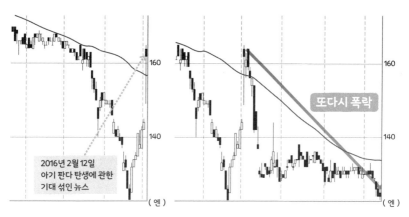

또다시 폭락

160

140

2016년 2월 12일
아기 판다 탄생에 관한
기대 섞인 뉴스

(엔)

160

140

(엔)

이번에는 나쁜 소식을 활용하는 방법을 배워보자. 2014년 10월, 결함 에어백이 파열된 문제로 다카타(7312)의 주가가 대폭락했다.

다카타는 자동차 안전장치에 관해서는 세계 3위를 점유하는 견실한 기업이다. 이 정보와 뉴스를 이용해 여러분은 어떻게 투자 판단을 할지 해답란에 적어보자.

해답란

❶ 이 폭락에 대해 어떻게 투자 판단을 할 것인가?
　□ A 절호의 바겐세일 기회, 기꺼이 비중을 실어 매수한다
　□ B 아무것도 하지 않는다

❷ 위의 투자 판단을 내린 이유를 설명해보자.

　--------------------------------

❸ 매수로 판단할 경우 매수 지점과 손절매 지점을 적어놓자.

● 문제 **나쁜 소식은 바겐세일 기회인가? (7312 : 다카타)**

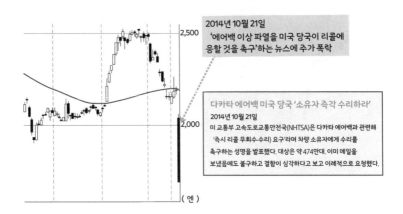

2014년 10월 21일
'에어백 이상 파열을 미국 당국이 리콜에 응할 것을 촉구'하는 뉴스에 주가 폭락

다카타 에어백 미국 당국 '소유자 즉각 수리하라'
2014년 10월 21일
미 교통부 고속도로교통안전국(NHTSA)은 다카타 에어백과 관련해 '즉시 리콜 무회수 수리' 요구'라며 차량 소유자에게 수리를 촉구하는 성명을 발표했다. 대상은 약 474만대. 이미 메일을 보냈음에도 불구하고 결함이 심각하다고 보고 이례적으로 요청했다.

15-2 해설

기업의 존속에 관한 문제에는 뛰어들지 않는다

문제에 관한 설명이 오히려 여러분의 판단을 방해했을지도 모른다. '세계 3위 안에 들 정도로 탄탄한 기업이어서 일시적인 악재일 뿐 금방 회복할 것이다. 좋은 종목을 싸게 살 기회이니 매수하자'라고 판단한 사람도 있을 것이다. 그러나 이 문제는 '실적이 시장 예상에 미치지 못했다'와 같은 일시적인 뉴스가 아니다.

첫째, 사람의 생명과 관련된 문제이며 이미 사망자가 여러 명 나왔다. 이 시점에서는 아직 회사가 일방적으로 나쁘다고 특정되지는 않았지만, 사람의 생명이 관련된다는 것은 무엇보다 중대한 문제다.

두 번째 문제는 '**사망자가 나와 리콜을 압박하고 있는 곳이 미국**'이라는 것이다. '소송의 나라'로 불리는 미국에서는 상상을 초월하는 금액으로 손해배

● **답 맞추기** 국제적 이슈(특히 미국)와 관련되었을 때는 경계해야 하는 상황

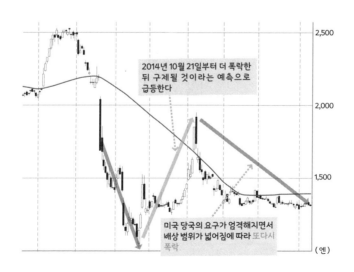

199

상 판결이 나는 일이 많은데, 이 시점에서 얼마나 영향을 미칠지 알 수 없다는 점이 우려스럽다.

셋째, 점유율이 높은 만큼 리콜 대상이 되는 차량이 얼마나 되는지 특정할 수 없으므로 배상 규모가 매우 클 가능성이 상당히 크다.

위와 같은 점을 감안하면, 이런 뉴스는 회사의 존속과 관련된 것이므로 바겐세일의 기회가 되지 않는다는 것을 알 수 있다.

영향 범위가 특정될 때까지는 관망하는 것이 올바른 뉴스 사용법

주가의 움직임을 보면 2014년 10월 21일부터 추세 반전하여 오르기는커녕 더 폭락한 뒤 구제가 될 것이라는 예측에 따라 급등했다(앞쪽 참조). 그러나 급등도 잠시, 미국 당국의 요구가 거세지고 대상 차종이 늘어나는 등 영향 범위가 넓어지면서 또다시 폭락했다.

● 검증 그 후의 주가 변동 : 주가는 5분의 1토막으로 (7312 : 다카타)

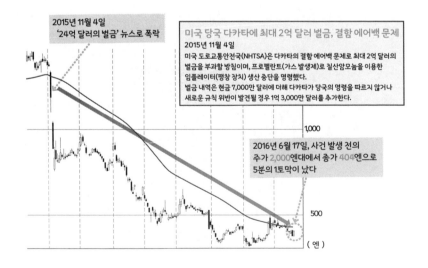

2015년 11월 4일
'24억 달러의 벌금' 뉴스로 폭락

미국 당국 다카타에 최대 2억 달러 벌금, 결함 에어백 문제
2015년 11월 4일
미국 도로교통안전국(NHTSA)은 다카타의 결함 에어백 문제로 최대 2억 달러의 벌금을 부과할 방침이며, 프로펠란트(가스 발생제)로 질산암모늄을 이용한 인플레이터(팽창 장치) 생산 중단을 명령했다.
벌금 내역은 현금 7,000만 달러에 더해 다카타가 당국의 명령을 따르지 않거나 새로운 규칙 위반이 발견될 경우 1억 3,000만 달러를 추가한다.

1,000

2016년 6월 17일, 사건 발생 전의
주가 2,000엔대에서 종가 404엔으로
5분의 1토막이 났다

500

(엔)

200

이렇게까지 떨어졌으니 이제는 올라갈 일만 남지 않았을까? 이렇게 생각하는 사람도 있을 수 있다. 그러나 회복될 것 같던 순간 2015년 11월 4일 '2억 달러 벌금' 소식이 전해지자 주가는 한층 폭락했고, 이후 하락 추세를 이어갔다. 2014년 사건 발생 이후 2년에 걸쳐 서서히 영향 범위가 넓어짐에 따라 2016년 6월에는 사건 발생 전 주가 2,000엔 대에서 종가 404엔으로 무려 5분의 1토막이 나고 말았다.

다시 198쪽으로 돌아가서 나쁜 뉴스가 나왔을 때 어떻게 판단해야 하는지 확인하자. **기업의 존속과 관련된 문제이고 영향 범위를 특정할 수 없는 동안에는 관망하는** 것이 현명한 투자 판단이다.

그럼 다음 문제에서 또 하나 나쁜 뉴스에 관한 투자 판단을 생각해보자.

5년 후에는 원래대로
돌아가 있지 않을까 ?
미국 7위를 점유했던 엔론도
분식회계로 인해 파산했어요 .
전 재산을 맡긴 투자자를
속이는 기업에 투자하는 건
무조건 금물이죠 !

대규모 지진은 대부분의 종목에 부정적인 재료로 작용한다. 다음 차트는 순조롭게 상승세를 이어간 소니에 일어난 일을 나타낸다. 2016년 4월의 구마모토 지진의 영향으로 화상 센서를 동심으로 하는 '구마모토공장의 생산을 당분간 중지'한다는 뉴스가 보도되었고, 소니의 주가는 폭락했다. 이 뉴스를 보고 투자판단을 해답란에 적어보자.

해답란

❶ 이 폭락에 대한 투자 판단은?
   ☐ A 상승 추세인 종목을 싸게 살 수 있는 기회이므로 기꺼이 매수한다
   ☐ B 아무것도 하지 않는다

❷ 위의 투자 판단을 내린 이유를 설명하자.
─────────────────────────
─────────────────────────

❸ 향후 예상되는 주가의 움직임을 설명하자.
─────────────────────────
─────────────────────────

● 문제 **나쁜 뉴스는 바겐세일 기회인가? (6758 : 소니)**

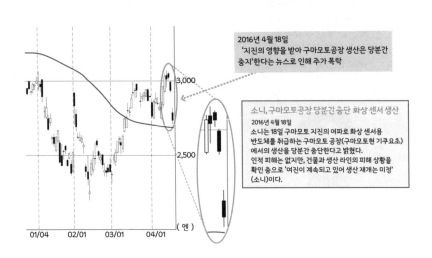

2016년 4월 18일
'지진의 영향을 받아 구마모토공장 생산은 당분간 중지'한다는 뉴스로 인해 주가 폭락

소니, 구마모토공장 당분간 중단 화상 센서 생산
2016년 4월 18일
소니는 18일 구마모토 지진의 여파로 화상 센서용 반도체를 취급하는 구마모토 공장(구마모토현 기쿠요초)에서의 생산을 당분간 중단한다고 밝혔다.
인적 피해는 없지만, 건물과 생산 라인의 피해 상황을 확인 중으로 '여진이 계속되고 있어 생산 재개는 미정' (소니)이다.

3,000

2,500

(엔)

01/04   02/01   03/01   04/01

15-3 해설

실적이 회복되었거나 상승 추세인 종목의
나쁜 소식은 바겐세일 기회를 선물한다

실적 악화로 소니는 하락세를 이어가며 주가가 떨어졌다. 그 움직임은 2016년 2월까지 이어졌지만, 실적 회복 흐름과 함께 2월에 바닥을 찍고 3월에 들어서자 상승 추세로 전환했다. 순조롭게 상승하고 흑자 결산 발표로 더욱 기세가 올랐을 때 생산 중단 소식이 터졌다. 이 사건이 소니라는 기업의 존속과 관련되거나 실적에 치명적인 영향을 미칠까?

물론 소니의 주력 사업 중 하나인 이미지 센서가 당분간 생산 중단되는 것은 적지 않은 영향을 미치겠지만, 지금의 기업 펀더멘탈에 괴멸적인 피해를 준다고 보기는 어려울 것이다. 이 폭락은 일시적인 재료로 끝날 가능성이 크고 다시 상승 추세를 이어갈 가능성이 크다.

● 답 맞추기 상승 중인 일시적인 재료는 바겐세일 기회 (6758 : 소니)

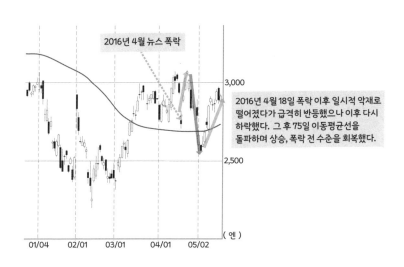

2016년 4월 뉴스 폭락

2016년 4월 18일 폭락 이후 일시적 악재로 떨어졌다가 급격히 반등했으나 이후 다시 하락했다. 그 후 75일 이동평균선을 돌파하며 상승, 폭락 전 수준을 회복했다.

3,000

2,500

(엔)

01/04   02/01   03/01   04/01   05/02

실제 움직임을 보면 2016년 4월 1일 폭락 이후 일시적인 악재로 인식되면서 급격히 반등했다. 하지만 그 후 다시 하락하여 75일 이동평균선을 깨고 내려갔다. 그렇게 해서 다시 폭락했는가 하면 15일선을 돌파하면서 상승하여 폭락 전의 주가 수준을 회복했다.

그래도 불안하다면 차분히 지켜본다

폭락 전 수준까지 회복하긴 했지만, 지난번 고점이 형성된 3,000엔을 눈앞에 두고 여기서 어떻게 될지는 아직 알 수가 없다.

2016년 5월 시점에서 중요한 것은 큰 기간을 보면서 주가의 위치와 흐름을 확인하는 것이다. 자세히 보면 75일선을 다시 돌파했고 이미 75일선이 고개를 들어 위를 향하고 있다. 또, 2월의 저점을 찍은 주가의 저가부터 확인하면 장기적으로는 저점을 높여가고 있다. 여기까지 함께 공부해온 여러분이라면 여기서부터 크게 하락하기보다는 상승 추세를 이어갈 가능성이 크다고 판단할 수 있을 것이다.

● 답 맞추기 추세를 되돌리면 원래의 움직임으로 (6758 : 소니)

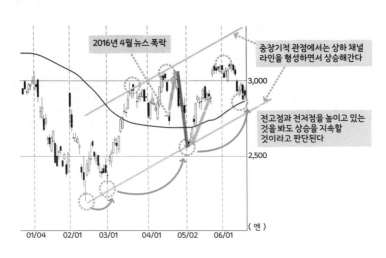

2016년 4월 뉴스 폭락

중장기적 관점에서는 상하 채널 라인을 형성하면서 상승해간다

3,000

전고점과 전저점을 높이고 있는 것을 봐도 상승을 지속할 것이라고 판단된다

2,500

(엔)

01/04   02/01   03/01   04/01   05/02   06/01

204

실제로 주가의 움직임을 보면 지난번 최고점을 넘어서면서 상승했고 지금은 갭하락하여 조정을 받고 있다. 그리고 안정적인 각도로 올라가는 15일 선으로 돌아오고 있다. 3~4개월 중·장기적 관점에서 보면 상승 채널 라인을 형성하고 있으므로 여기서 다시 반등할 가능성이 크다고 판단된다.

나쁜 뉴스를 어떻게 활용하면 되는지 이제 확실하게 알 것이다. 이때 중요한 것은 '**오늘 내일만 투자하는 것이 아니라는**' 점이다. 차분히 장기적인 관점에서 생각하면 지금까지 배운 법칙만으로도 이미 강한 투자자가 되기에 충분하다.

마지막 법칙에서는 지금까지 배운 내용을 종합하여 여러분의 능력을 시험해보자. 종목 선정부터 매매 계획, 매매 후 모니터링까지의 전체적인 흐름을 다룬 종합 문제에 도전해보기 바란다.

채널라인이란?

- 일정한 각도를 가진 2개의 선 안에서 주가가 오르내리며 움직인다
- 이때의 2개의 선을 채널 라인이라고 한다
- 주가의 방향이나 상승·하락의 목표를 측정할 때 사용된다

이코노미석이라고? 나에게는 빅뉴스!

옆 좌석에 앉은 여성이 계속 이쪽을 바라본다.

이륙 전 자리에 앉을 때 눈인사를 했을 뿐 따로 말을 나눈 사이는 아니다. 싱가포르발 도쿄행 비행기 안에서 여성의 눈 색깔이 변한(라고 느꼈다) 것은, 노트북을 열고 핑크색 표지인 내 데뷔작 '교정 작업을 하기 시작했을 때였다.

그녀는 분명히 분홍색 책을 응시하고 있다. 내가 어떤 속셈이 있는 것은 아니지만 여성에게 주목받고 있는 남자(내가 아니라 책이지만)의 마음은 차분하지 않고 춤을 추기 마련이다.

"저어. 그 책 정말 좋지 않나요? 저도 갖고 있어요."

베스트셀러의 반열에 오를 정도로 많이 팔리긴 했지만, 내 책을 읽어준 사람과 비행기 옆자리에서 만나고, 심지어 칭찬을 받는 것이 얼마나 기쁜 일인지 처음 알았다.

"그러시군요. 하하, 감사합니다."

이번에는 최대한 상쾌하면서 약간은 수줍고 사람 좋아 보이는 얼굴로 감사의 인사를 했다. 여성의 눈이 가늘어지며 고개를 갸웃거렸다.

"네? 감사하다니요? 아, 잠깐만요, 혹시 저자 선생님이신가요?"

유명한 가수도 아닌 나를 만났다고 당황하면서도 기뻐하는 모습을 보니 왠지 우쭐해졌다.

"이런 곳에서 만나다니! 선생님 책 정말 도움이 됩니다!"

느낌표 세 개가 연속으로 붙을 만큼 목소리가 높아진다. 주위의 시선을 느낄 정도로 울려 퍼지는 목소리로 그녀가 신기한 듯 물어왔다.

"너무 좋아요!!! 그런데 선생님이 왜 이코노미석를 타셨나요? 아무튼 저한테는 빅뉴스! 친구한테 자랑해야지."

"네? 그럴 일도 아닌데요, 하하하."

"신생님 같은 분은 경제적으로 자유로우니까 비즈니스석을 탈 줄 알았어요."

"경제적 자유란 말 그대로 자유롭게 선택할 수 있다는 뜻이죠. 1시간 비행이라도 일등석을 선택하려면 선택할 수 있고 6시간을 타더라도 작업만 할 수 있으면 되니까 이코노미석을 탈 수도 있고요. 이게 경제적 자유라는 거죠."

"그렇군요, 어느 좌석을 이용할 건지 '선택'하는 거군요."

"맞습니다. 저는 6~7시간 정도 비행하면 대부분 이코노미석을 타요."

"그럼 몇 시간이면 비즈니스석을 선택하시나요?"

"글쎄요, 명확한 기준은 없지만 15시간 정도?"

"어머나, 너무 길어요. 이것도 빅뉴스!"

뉴스를 연발한 그녀의 친구들도 나에 대해 알고 있으려나? 투자에는 전혀 써먹을 수 없는 뉴스이긴 하지만 말이다.

진정한 달인이 되기 위해
매매 프로세스를 루틴화한다

자신이 정한 순서를 지켜야 해!
그리고 효율적으로 종목을 찾는 방법을
만들어보자!

16 최강의 투자는 '프로세스'에 있다

❶ 투자는 의사결정과 행동의 과정

정해진 프로세스를 차분히 소화할 수 있는 것이 전문투자자

여기까지 책을 읽으면서 '프로는 천재적인 소질이 있고 화려한 개인기로 그 소질을 발휘하는 사람을 가리키는 게 아니라는' 점을 깨달았을 것이다. 진짜 프로는 아침에 눈을 뜬 순간부터 잠드는 순간에 이르기까지 정해진 프로세스가 있고, 그것을 차분히 실행할 수 있는 사람을 말한다. 투자도 마찬가지다.

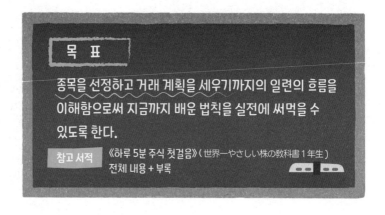

목 표

종목을 선정하고 거래 계획을 세우기까지의 일련의 흐름을 이해함으로써 지금까지 배운 법칙을 실전에 써먹을 수 있도록 한다.

참고 서적 《하루 5분 주식 첫걸음》(世界一やさしい株の教科書1年生) 전체 내용 + 부록

주가 차트를 보는 순간 오르는 종목을 선정하고 빛의 속도로 매수해서 수익을 내는 것이 아니라 아래와 같은 프로세스를 일상적으로 실행하는 것이 전문투자자다.

기술적 분석은 형태뿐만 아니라 타이밍도 중시한다

투자 프로세스 중 시장 환경 인식과 실행 부분을 제외하고, 투자 판단과 계획을 하는 부분을 '메인 프로세스'라고 한다. 이 프로세스를 실행할 때는 우선 **'기술적 분석을 할 때 차트의 형태에만 연연하지 않는다'**는 점을 지켜야 한다. 차트의 모양만 알면 된다는 해설도 가끔 볼 수 있지만 차트가 보기 좋아도 오늘 사도 되는지, 내일 또는 다음 주에 사는 게 좋은지 등 타이밍에 따라 투자 결과와 효율이 달라지기 때문이다. 한 가지 주의할 점은 메인 프로세스 이외의 프로세스가 중요하지 않다는 의미가 아니다. 무엇 하나 생략해도 되는 과정은 없다는 것을 기억하도록 하자.

● **투자 프로세스**

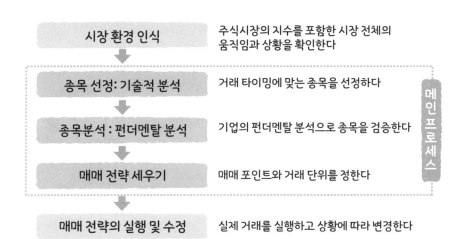

시장 환경 인식	주식시장의 지수를 포함한 시장 전체의 움직임과 상황을 확인한다
종목 선정 : 기술적 분석	거래 타이밍에 맞는 종목을 선정하다
종목분석 : 펀더멘탈 분석	기업의 펀더멘탈 분석으로 종목을 검증한다
매매 전략 세우기	매매 포인트와 거래 단위를 정한다
매매 전략의 실행 및 수정	실제 거래를 실행하고 상황에 따라 변경한다

(메인프로세스)

최종 프로세스는 1엔 단위로 가격이 결정한다

펀더멘탈 분석에서는 안이하게 주가가 저평가인가 고평가인가만 확인하지 말고 **'현재 상황에서 제대로 이익을 내고 있는지, 또 앞으로도 확실히 이익을 낼 수 있는지'**를 확인해야 한다.

그리고 여기까지만 하고 '좋은 종목을 찾는 데 성공!'으로 끝내지 말고 매수 포인트를 최소 단위로 정해야 한다.

마지막으로 실은 **매수보다 더 중요한 것이 매도, 즉 '매수 단계에서 정하는 손절매 포인트'**다.

● 메인 프로세스(상세 내용)

1. 종목 선정: 테크니컬

    1-① 매수 타이밍이다

    1-② 매수하기에 가장 적합한 형태를 띠고 있다

2. 종목 분석: 펀더멘탈

    2-① 실적 추이

    2-② 저평가 정도와 안정성, 주주 환원

    2-③ 앞으로도 착실히 돈을 벌 수 있다

3. 매매 전략 세우기

    3-① 최소단위로 정한다

    3-② 손절매(손실 한정) 포인트

해답란

❶ 3개 종목의 기술적 분석을 한다
　현재 위치는 (□ 상승 □ 하락의)
　(　　　　)국면

❷ 3개 종목의 펀더멘탈 분석을 한다
　A 우선 실적 추이에 대하여
　　• 매출액
　　• 영업이익
　　• 경상이익
　　• 영업 이익증가율 추이
　B 투자 지표에 대하여
　　• PER
　　• PBR
　　• 배당수익률
　C 향후 예상 이익증가률에 대하여

❸ 기술적 분석과 펀더멘탈 분석 결과를 정리
　하여 투자할 회사를 하나 정한다.

❹ 투자할 회사의 거래 계획을 세운다
　• 자동감시 매수 주문 : (　　)엔 이상이
　　되면 매수한다
　• 손절매 기준 :

문제16 -1

상

드디어 여기까지 배운 내용을 종합하여 투자 결정을 내리는 순간이 왔다. 동일한 업종 3사의 정보가 제시되어 있다. 지금부터 한 기업으로 좁혀서 투자계획을 세워보자. 주어진 정보를 바탕으로 기술적 분석과 펀더멘탈 분석을 하자. 분석이 끝나면 그 종목을 얼마에 사고 얼마에 손절매 설정할지도 정하자.

211

● 분석 과제 종목 1의 차트 (9531 : 도쿄가스)

75일 이동평균선

| 800 |
| 700 |
| 600 |
| 500 |

04/01　05/01　06/01　07/01　08/03　09/01　10/01　11/02　12/01　01/04　02/01　(엔)

종가 : 528.6엔
고가 : 542.8엔
저가 : 538.9엔
시가 : 526.8엔

단순이동평균선
75일선 : 561.0

500

● 분석 과제 종목 1의 기업 정보 (9531 : 도쿄가스)

9351 전기 · 가스업

도쿄가스(주)　　528.6 전일비　↓-11.9 (-2.20%)

참고 지표		특색	도시 가스 최대 기업 원료 천연가스화 선진, 해외 가스전 개발. 지역 냉난방 주력, 신에너지 개발
시가 총액	1,266,937백만엔		
발행주식수	2,396,778,295주	연결 사업	[연결사업] 도시가스 69 (10) 기구 및 가스공사 8 (1), 타에너지 17 (7) 부동산 0 (17) 외 5 (9) (2015.3)
배당수익률(회사 예상)	2.08%		
배당금(회사 예상)	11.00		
PER(회사 예상)	(연결) 10.40배	본사 소재지	(105-8527) 도쿄도 미나토구 가이간 1-5-20
PBR(실적)	(연결) 1.16배	가장 가까운 역	＿＿＿＿ ~ 다케시바　검색
EPS (회사 예상)	(연결) 50.82	전화번호	03-5722-0111
BPS (실적)	(연결) 454.50	업종 분류	전기 가스업
최저 매수금액	528,600	영문 회사명	TOKYO GAS CO., LTD
최소 주문수량	1,000주	대표자명	히로세 미치아키
연초 이래 최고가	805	설립일	1885년 10월 1일
연초 이래 최저가	489	거래소명	도쿄증권거래소 1부, 나고야증권거래소 1부
		상장일	1949년 5월
		결산	3월 말
		최소주문수량	1,000주

212

● 분석 과제 **종목 1의 실적·업종 비교 자료 (9531 : 도쿄가스)**

9351 도쿄가스			전기·가스업
최신 경상 이익 실적	125,378 3분기 결산	차기 결산	3분기 결산을 1월 29일 발표 완료
통기 회사 예상 이익증가율	181,000 7.63%	통기 컨센서스 예상 이익증가율	187,730 11.63%
목표주가 컨센서스	610엔 (12.86%)	레이팅 컨센서스	3.18

	전기	2기전	3기전
결산기	2016년3월기	2015년3월기	2014년3월기
회계 방식	일본 방식	일본 방식	일본 방식
결산 발표일	2016년4월28일	2015년4월28일	2014년4월28일
결산 월수	12개월	12개월	12개월
매출액	1,884,656백만엔	2,292,548백만엔	2,112,117백만엔
영업 이익	192,008백만엔	171,753백만엔	166,044백만엔
경상이익	188,809백만엔	168,169백만엔	159,613백만엔
당기순이익	111,936백만엔	95,828백만엔	108,451백만엔
EPS(주당순이익)	46.68엔	39.15엔	43.10엔
조정 주당순이익	-	-	-
BPS(주당순자산가치)	460.35엔	438.28엔	402.91엔
총자산	2,251,518백만엔	2,257,662백만엔	2,176,816백만엔
자기자본	1,100,272백만엔	1,069,515백만엔	1,011,787백만엔
자본금	141,844백만엔	141,844백만엔	141,844백만엔
유이자부채	711,901백만엔	727,897백만엔	711,455백만엔
자기자본비율	48.9%	47.4%	46.5%
ROA(총자산이익률)	4.96%	4.32%	5.20%
ROE(자기자본이익률)	10.32%	9.21%	11.18%
총자산경상이익률	8.37%	7.58%	7.66%

┃ 예상 이익증가율 업종 비교

각 종목의 증익률을 업종의 증익률,
시장 전체의 증익률과 비교한다.

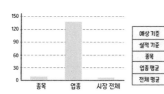

예상 기준	201603기
실적 기준	201503기
종목	7.63%
업종 평균	135.95%
전체 평균	5.96%

┃ 예상 PER 업종 비교

각 종목의 업종 예상 수치를 기준으로 산출한 예상 PER을
같은 업종의 평균값, 시장 전체의 평균값과 비교할 수 있다.

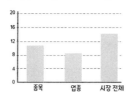

예상 기준	2016037기
실적 기준	2016/02/23종가
종목	10.62배
업종 평균	8.28배
전체 평균	14.12배

● **분석 과제** 분석 과제 　종목 2의 차트 (9532 : 오사카가스)

종가 : 433.7엔
고가 : 442.3엔
저가 : 432.4엔
시가 : 436.3엔
단순이동평균선
75일선 : 441.6

● **분석 과제** 종목 2의 기업 정보 (9532 : 오사카가스)

9352 전기·가스업		
오사카가스(주)	**433.7** 전일비	↓-6,1 (-1.39%)

참고 지표	
시가 총액	903,571 백만엔
발행주식수	2,083,400,000 주
배당수익률(회사 예상)	2.31%
배당금(회사 예상)	10,00
PER(회사 예상)	(연결) 9.75배
PBR(실적)	(연결) 0.98배
EPS (회사 예상)	(연결) 44,46
BPS (실적)	(연결) 443,96
최저 매수금액	433,700
최소 주문수량	1,000 주
연초 이래 최고가	534
연초 이래 최저가	400

특색	서일본지역 기반 도시가스 2위, 영업력이 강함, 코제네레이션 추진, 연료전지용 촉매 등 기술력으로 정평이 나 있다
연결 사업	[연결사업] 가스 73(4), LPG·전력·기타에너지 16(17) 해외에너지 1(46), 라이프&비즈니스 솔루션 11(8) (2015,3)
본사 소재지	(541-0046) 오사카시 주오구 히라노효 4-1-2
가장 가까운역	▢ ~ ~요도야바시 [검색]
전화번호	06-6202-3928
업종 분류	전기 가스업
영문 회사명	OSAKA GAS CO., LTD
대표자명	훈조 오타케히로
설립일	1897년 4월 15일
거래소명	도쿄증권거래소 1부, 나고야증권거래소 1부
상장일	1949년 5월
결산	3월말
최소주문수량	1,000주

● **분석 과제** 종목 2의 기업 정보 (9532 : 오사카가스)

9352 오사카가스(주)   전기·가스업

최신 경상 이익 실적	103,607 3분기 결산	차기 결산	3분기 결산을 1월 28일 발표 완료
통기 회사 예상 이익증가율	135,000 24.80%	통기 컨센서스 예상 이익증가율	139,119 28.61%
목표주가 컨센서스	440엔 (0.05%)	레이팅 컨센서스	2.27

	전기	2기전	3기전
결산기	2016년 3월기	2015년 3월기	2014년 3월기
회계 방식	일본 방식	일본 방식	일본 방식
결산 발표일	2016년 4월 27일	2015년 4월 27일	2014년 4월 25일
결산 월수	12개월	12개월	12개월
매출액	1,322,012 백만엔	1,528,164 백만엔	1,512,581 백만엔
영업 이익	146,674 백만엔	105,065 백만엔	99,381 백만엔
경상이익	134,986 백만엔	108,173 백만엔	106,044 백만엔
당기순이익	84,324 백만엔	76,709 백만엔	41,725 백만엔
EPS(주당순이익)	40.53엔	36.86엔	20.04엔
조정 주당순이익	-	-	-
BPS(주당순자산가치)	435.85엔	426.98엔	383.90엔
총자산	1,829,756 백만엔	1,862,201 백만엔	1,668,317.89 백만엔
자기자본	906,624 백만엔	888,496 백만엔	798,964 백만엔
자본금	132,166 백만엔	132,166 백만엔	132,166 백만엔
유이자부채	565,440 백만엔	632,527 백만엔	572,090 백만엔
자기자본비율	49.5%	47.7%	47.9%
ROA(총자산이익률)	4.57%	4.35%	2.58%
ROE(자기자본이익률)	9.39%	9.09%	5.40%
총자산경상이익률	7.31%	6.13%	6.56%

예상 이익증가율 업종 비교

각 종목의 증익률을 업종의 증익률,
시장 전체의 증익률과 비교한다.

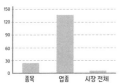

예상 기준	2016037
실적 기준	2015037
종목	24.80%
업종 평균	135.95%
전체 평균	5.96%

예상 PER 업종 비교

각 종목의 업종 예상 수치를 기준으로 산출한 예상 PER을
같은 업종의 평균값, 시장 전체의 평균값과 비교할 수 있다.

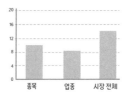

예상 기준	2016037
실적 기준	2016/02/23종가
종목	9.91배
업종 평균	8.28배
전체 평균	14.12배

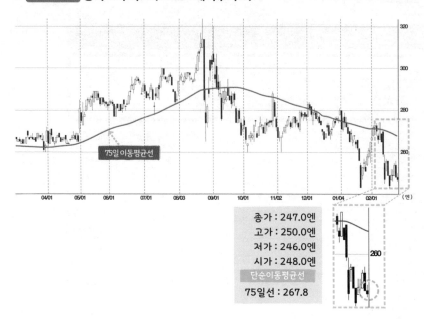

● **분석 과제** 종목 3의 차트 (9536 : 세이부가스)

'75일이동평균선

종가 : 247.0엔
고가 : 250.0엔
저가 : 246.0엔
시가 : 248.0엔
단순이동평균선
75일선 : 267.8

260

● **분석 과제** 종목 3의 기업 정보 (9536 : 세이부가스)

9536 전기·가스업		
세이부가스(주)	**247** 전일비	↓ -1 (-0.40%)

참고지표				
시가 총액	91,853백만엔	특색	도시가스 대기업, 판매량으로 전국 5위 후쿠오카시, 기타큐슈시가 주요 지반. 히비키 LNG 기지 14년 가을 준공	
발행주식수	371,875,676주			
배당수익률(회사 예상)	2.43%	연결 사업	[연결사업] 가스 73(4) LPG9(2), 부동산 2(26), 외 16(4) (2015.3)	
배당금(회사 예상)	6.00			
PER(회사 예상)	(연결)61.14배	본사 소재지	(812-8707) 후쿠오카시 하카타구 지요 1-17-1	
PBR(실적)	(연결) 1.43배	가장 가까운 역	___ ~ 지요현청구 검색	
EPS (회사 예상)	(연결) 4.04	전화번호	092-633-2239	
BPS (실적)	(연결)172.99	업종 분류	전기·가스업	
최저 매수금액	247,000	영문회사명	SAIBU GAS CO., LTD	
최소 주문수량	1,000 주	대표자명	사케미 도시오	
연초 이래 최고가	322	설립일	1930년 12월 1일	
연초 이래 최저가	243	거래소명	도쿄증권거래소 1부, 후쿠오카	
		상장일	1949년 6월	
		결산	3월 말	
		최소주문수량	1,000주	

216

분석 과제 종목 3의 기업 정보 (9536 : 세이부가스)

9536 세이부가스(주) · 전기·가스업

최신 경상 이익 실적	5,232 3분기 결산	차기 결산	3분기 결산을 1월 28일 발표 완료
통기 회사 예상 이익증가율	13,000 67.55%	통기 컨센서스 예상 이익증가율	- -%
목표주가 컨센서스	-엔	레이팅 컨센서스	-

	전기	2기전	3기전
결산기	2016년 3월기	2015년 3월기	2014년 3월기
회계 방식	일본 방식	일본 방식	일본 방식
결산 발표일	2016년 4월 27일	2015 4월 28	2014년 4월 28일
결산 월수	12개월	12개월	12개월
매출액	190,378 백만엔	208,673 백만엔	200,173 백만엔
영업 이익	12,605 백만엔	8,859 백만엔	5,833 백만엔
경상이익	12,165 백만엔	7,759 백만엔	5,586 백만엔
당기순이익	2,242 엔	3,780 백만엔	3,083 백만엔
EPS(주당순이익)	6.04엔	10.19엔	8.31엔
조정 주당순이익	-	-	-
BPS(주당순자산가치)	177.85엔	190.96엔	168.20엔
총자산	341,231 백만엔	360,754 백만엔	334,209 백만엔
자기자본	66,006 백만엔	70,877 백만엔	62,434 백만엔
자본금	20,629 백만엔	20,629 백만엔	20,629 백만엔
유이자부채	230,668 백만엔	245,205 백만엔	220,209 백만엔
자기자본비율	19.3%	19.6%	18.7%
ROA(총자산이익률)	0.64%	1.09%	0.97%
ROE(자기자본이익률)	3.28%	5.67%	4.90%
총자산경상이익률	3.47%	2.23%	1.75%

예상 이익증가율 업종 비교

각 종목의 증익률을 업종의 증익률,
시장 전체의 증익률과 비교한다.

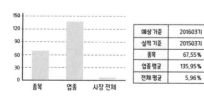

예상 기준	2016037|
실적 기준	2015037|
종목	67.55%
업종 평균	135.95%
전체 평균	5.96%

예상 PER 업종 비교

각 종목의 업종 예상 수치를 기준으로 산출한 예상 PER을
같은 업종의 평균값, 시장 전체의 평균값과 비교할 수 있다.

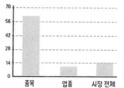

예상 기준	2016037|
실적 기준	2016/02/23가
종목	61.48배
업종 평균	8.28배
전체 평균	14.12배

기술적 분석은 공통점과 우려되는 재료부터 먼저 생각한다

차트를 기반으로 매수 타이밍에 위치한 종목을 찾아내는 기술적 분석은 이제 익숙해졌을 것이다. 전혀 다른 업종의 종목을 여러 개 나열해 분석하면 적절한 종목을 비교적 쉽게 골라낼 수 있다.

문제는 이 경우처럼 동일한 업종 내에서 매수 타이밍에 와 있는 종목을 여러 개 발견했을 때다. 이 업종의 차트들이 비슷비슷한 모양인 경우가 많다. 이때의 기술적 분석은 다음 순서로 생각하면 된다.

> **❶ 움직임의 공통점 분석** 왜 지금이 매수 시점인지 대상 종목을 분석한다
>
> **❷ 우려되는 종목 분석** 비슷한 모양이긴 하지만 완전히 똑같지는 않다. 우려되는 종목을 찾아 배제한다
>
> **❸ 기술적 분석으로 결정** ❶과 ❷의 결과를 바탕으로 기술적 분석 관점에서 투자에 유리한 종목을 선정한다. 이 단계에서는 여러 개를 선택해도 무방하다. 펀더멘탈 분석 단계에서 더욱 좁히면 된다.

순서에 따라서 분석해보자. 먼저 움직임의 공통점이다.

세 종목은 모두 긴 하락이 이어진 뒤 최근 들어 75일 이동평균선에 가까워졌다. 75일선은 아직 아래를 향하고 있지만 저점을 높여가면서 캔들이 한 번 75일선 위로 뚫고 올라갔다. 이로써 '**하락 추세가 상승으로 바뀔 수 있는 추세 반전의 전조를 보인다**'는 공통점이 생겼다.

다음으로 우려되는 종목이다. 가장 아래에 있는 세이부가스(9536)를 살

퍼보자. 최근 75일선에 닿았지만, 그 후 다시 한번 75일선에서 멀어졌다. 또
다른 두 종목에 비해 저점을 높이는 모습이 명확하지 않다. 기술적 분석으
로는 아직은 추세 전환이 약하다고 판단하는 게 좋을 것 같다.

● 답 맞추기 1 세 종목의 기술적 분석

공통점인 움직임

세 종목 모두 긴 하락 추세가 이어진 뒤
최근 들어 75일선에 근접했거나 한 차례
위로 돌파하는 추세 반전의 전조를
보인다.

우려되는 종목

세이부가스도 최근 75일선에 닿았지만
다른 종목에 비해 저점을 높여 가는
현상이 뚜렷하게 나타나지 않고 있다.

기술적 분석에 따른 결정

저점을 높여가는 모습이 확실하고 최근
75일선을 돌파한 후 다음 움직임을
준비하고 있다는 점에서 도쿄가스와
오사카가스를 택하는 것이 옳다고
판단할 수 있다.

지금까지의 결과를 바탕으로 기술적 분석으로 종목을 좁힌다. 세 종목 중 세이부가스는 다소 우려되는 점이 있다. 저점을 높이는 모습이 꾸준하고 최근 75일선을 1회 돌파하거나 다음 움직임을 준비하고 있다는 점에서 '**도쿄가스와 오사카가스를 선택하는 것이 맞다**'고 판단한다. 기술적 분석상으로는 2개의 종목으로 좁힐 수 있었다.

실적 추이는 3가지 항목을 확인한다

기업의 실적 자료를 보면 빼곡이 나열된 숫자에 압도당해서 분석할 엄두가 나지 않는 사람도 있다. 하지만 모든 숫자를 읽어 들일 필요는 없으며 문

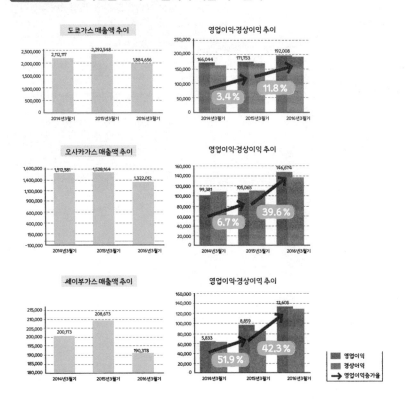

● 답 맞추기 2 펀더멘탈 분석 ① 실적 추이를 비교한다

제에서 제시된 3가지 항목의 흐름을 확인하는 것만으로도 충분하다.

그럼 실제로 분석해보자.

우선 매출부터 보면 3사 모두 올해는 전년 대비 감소세를 보인다. 특히 '**세이부가스(9536)가 대폭 하락했으며 매년 변동성이 심해 안정적인 움직임을 보이지 않는다**'는 것도 그래프를 통해 읽을 수 있다.

다음은 기업이 돈을 벌어들이는 능력을 나타내는 이익과 이익증가율을 살펴보겠다. 매출액이 감소하는 가운데 3사 모두 이익은 증가했다. 영업이익증가율을 보면 11.8%인 도쿄가스에 비해 나머지 2개사가 크게 늘었다. 그중에서도 '**안정적인 실적을 이어나가면서 이익을 증대하고 있는 오사카가스**'에 눈길이 간다.

투자 지표도 3가지 지표로 분석

실적 추이를 분석하면서 투자자들이 선호할 만한 종목을 골라낸다. 다음 그림에는 3종목의 지표를 나란히 분석한 내용이 나온다. 우선 인기도로 저평가 여부를 판단하는 PER을 이용하면 오사카가스가 9.15배로 다른 2종목보다 상대적으로 저평가된 상황이다.

다음은 안정성으로 저평가 여부를 판단하는 PBR이다. PBR에서도 오사카가스가 0.98배, 즉 청산가치(1배)에 가까운 값으로 다른 두 회사보다 상대적으로 저평가되어 있다.

마지막으로 주주를 중요시하는지 나타내는 배당수익률을 확인한다. 배당수익률에서는 세이부가스가 2.43%로 가장 높지만 세 종목 모두 2%대이므로 크게 차이 나진 않는다.

이상의 결과를 종합하여 투자 지표에 근거해 판단하면, 배당수익률에서는 세이부가스가 우수하지만, **'저평가 정도와 안정성을 나타내는 두 지표가 우수하고 배당수익률도 세이부가스와 큰 차이가 없는 오사카가스를 선택하는 것이 타당하다'**는 결론이 나왔다. 여기까지 오면 대충 좁혀진 것 같은데 마지막으로 앞으로도 꾸준히 수익을 낼 수 있는지 확인해보겠다.

예상 이익증가율은 숫자와 신뢰성으로 판단한다

예상 이익증가율에는 '회사가 예상한 것'과 '다수의 애널리스트(기업 분석 전문가)가 예상한 결과를 평균한 컨센서스(시장기대치)'라는 두 가지 숫자가 있다. 이 두 숫자가 어떤 상태로 되는 게 가장 좋다고 했는지 기억나는가? 물론 숫자가 크면 좋지만 두 숫자 사이에 큰 차이가 없는 것도 중요하다.

● 답 맞추기 3 펀더멘탈 분석 ❷ PER, PBR, 배당수익률을 비교한다

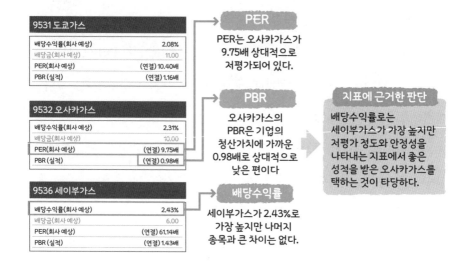

9531 도쿄가스	
배당수익률(회사 예상)	2.08%
배당금(회사 예상)	11.00
PER(회사 예상)	(연결) 10.40배
PBR(실적)	(연결) 1.16배

9532 오사카가스	
배당수익률(회사 예상)	2.31%
배당금(회사 예상)	10.00
PER(회사 예상)	(연결) 9.75배
PBR(실적)	(연결) 0.98배

9536 세이부가스	
배당수익률(회사 예상)	2.43%
배당금(회사 예상)	6.00
PER(회사 예상)	(연결) 61.14배
PBR(실적)	(연결) 1.43배

PER

PER는 오사카가스가 9.75배 상대적으로 저평가되어 있다.

PBR

오사카가스의 PBR은 기업의 청산가치에 가까운 0.98배로 상대적으로 낮은 편이다

배당수익률

세이부가스가 2.43%로 가장 높지만 나머지 종목과 큰 차이는 없다.

지표에 근거한 판단

배당수익률로는 세이부가스가 가장 높지만 저평가 정도와 안정성을 나타내는 지표에서 좋은 성적을 받은 오사카가스를 택하는 것이 타당하다.

대다수 기업은 실적 발표시 예상치에 못 미치는 일(소위 하향조정)이 발생하지 않도록 되도록 보수적인 수치를 제시한다. 기업 측보다 애널리스트들이 내놓는 수치가 대체로 더 큰 것은 그 때문이다.

증익률을 나란히 비교하면 회사 예상 증익률로는 세이부가스가 가장 높지만 컨센서스가 아예 없다. 어쩌다 세이부가스를 커버하는 애널리스트가 없었던 것인지, 애널리스트의 평가 대상이 되지 않았던 것인지 모르겠지만, 회사가 발표하는 숫자만으로는 신뢰성이 떨어진다고 할 수 있다. 이 세 종목 중에서는 **'회사 예상과 컨센서스 예상 간 괴리가 적고 상대적으로 증익률이 높은 오사카가스를 선택하는 것이 올바른 판단'**이다.

● 답 맞추기 4 **펀더멘탈 분석 ③ 예상 이익증가율을 비교한다**

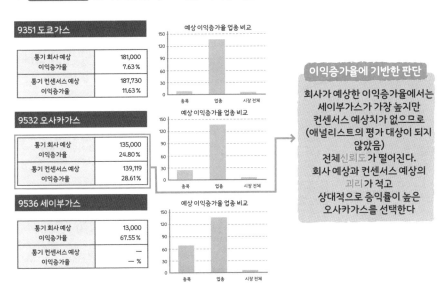

9351 도쿄가스

통기 회사 예상 이익증가율	181,000 7.63%
통기 컨센서스 예상 이익증가율	187,730 11.63%

9532 오사카가스

통기 회사 예상 이익증가율	135,000 24.80%
통기 컨센서스 예상 이익증가율	139,119 28.61%

9536 세이부가스

통기 회사 예상 이익증가율	13,000 67.55%
통기 컨센서스 예상 이익증가율	― ― %

예상 이익증가율 업종 비교

이익증가율에 기반한 판단

회사가 예상한 이익증가율에서는 세이부가스가 가장 높지만 컨센서스 예상치가 없으므로 (애널리스트의 평가 대상이 되지 않았음) 전체 신뢰도가 떨어진다. 회사 예상과 컨센서스 예상의 괴리가 적고 상대적으로 증익률이 높은 오사카가스를 선택한다

펀더멘탈과 기술적 분석을 조합하여 투자처를 결정한다

펀더멘탈 분석과 기술적 분석을 조합하면 답은 자연스럽게 명확해진 것 같다. **양쪽을 충족하는 종목을 찾은 자신에게 자부심을 느끼며 투자할 종목을 정할 수 있다.** 이것이 양쪽을 조합하는 장점이다.

지금까지의 결과를 정리하여 최종적으로 투자할 종목을 명확히 하자.

❶ 기술적 분석 후 결정

매수 타이밍이 다가온 종목을 선정하는 기술적 분석을 해보자. 세 종목 모두 앞으로 추세가 발생할 가능성이 있지만 **'저점을 꾸준히 높여가고 있고 최근 75일 이동평균선을 1회 돌파한 후 다음 움직임을 준비하고 있다'**는 점에서 도쿄가스와 오사카가스가 선정했다.

● 답 맞추기 **투자 결정 : 펀더멘탈 + 기술적 분석 (9532 : 오사카가스)**

	기전	2기전	3기전
결산기	2016 年 3월기	2015 年 3월기	2014 年 3월기
매출액	1,322,012백만엔	1,528,164백만엔	1,512,581백만엔
영업이익	146,674백만엔	105,065백만엔	99,381백만엔

예상이익증가율 업종 비교

통기 회사 예상 이익증가율	135,000 24.80 %
통기 컨센서스 예상 이익증가율	139,119 28.61 %

배당수익률(회사 예상)	2.31%
배당금(회사 예상)	10.00
PER(회사 예상)	(연결) 9.75배
PBR(실적)	(연결) 0.98배

기술적 분석

꾸준히 저점을 높이고 있고 최근 75일 이동평균선을 한 번 돌파한 후 다음 움직임을 준비하고 있다는 점에서 도쿄가스와 오사카가스가 선정되었다.

펀더멘털

실적에서는 영업이익이 순조롭게 성장하고 있고 예상 증익률에서도 상대적으로 높은 오사카가스의 손을 들어준다. 또한 저평가된 주가와 안정성 지표에서도 오사카가스가 뛰어나다.

종합적인 투자 판단

기술적으로 매수 타이밍에 가까워 펀더멘털 측면에서도 상대적으로 저렴하다고 판단하는 오사카가스에 투자하기로 최종 결정

❷ 펀더멘탈 상의 결정

실적면에서는 **영업이익이 순조롭게 성장하고 있고 예상 증익률에서도 상대적으로 높은 오사카가스**의 손을 들어준다. 또한 저렴한 가격과 안정성 지표에서도 오사카가스가 뛰어나므로 펀터멘털 분석에서는 '**오사카가스라는 한 종목으로 좁히는**' 것이 올바른 투자 판단이다. 여기서 모든 지표에 뛰어난 종목은 거의 없으므로 우선순위를 정하여 판단해야 한다는 것도 기억해두자.

❸ 종합적인 투자 판단

❶, ❷의 분석을 통해 '**기술적으로 매수 타이밍에 가깝고 펀더멘탈 분석에서도 상대적으로 저평가되어 있다고 판단할 수 있는 오사카가스에 투자하기로**' 최종적으로 정했다.

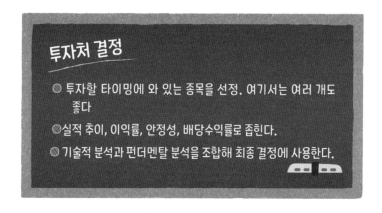

투자처 결정

◉ 투자할 타이밍에 와 있는 종목을 선정. 여기서는 여러 개도 좋다
◉ 실적 추이, 이익률, 안정성, 배당수익률로 좁힌다.
◉ 기술적 분석과 펀더멘탈 분석을 조합해 최종 결정에 사용한다.

최종 프로세스는 투자 기술을 이용한 구체적인 투자계획 세우기

기나긴 여정이었다. 이제 다 왔다.

"정말? 이제 끝난 거야?"

그럴 리가. 농담이다. 이렇게만 배우고 끝내면 이런 종목이 좋으니 매수해보라는 단계에서 멈추는 셈이다. 여기서 한 걸음 더 나아가 구체적인 투자계획을 세워보자.

차트에 현재 가격 정보가 나오는 것은 그 때문이다. **투자계획은 1엔 단위로 매수와 손절매 가격을 정해야 하는 것**을 잊지 말자.

그럼 현재 기준에서 얼마에 사면 되는지 투자 기술을 이용해 계산해보자. 이날은 75일 이동평균선이 아직 아래로 내려가고 있는 '상승 1국면' 매수 패턴이다.

차트상으로는 주가가 당일 고가 442엔으로 75일선을 넘어선 것처럼 보

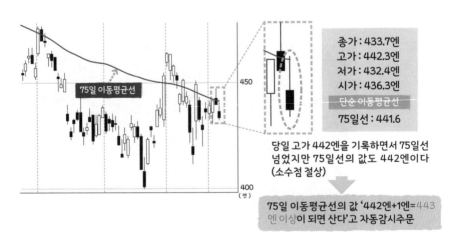

● 답 맞추기 **오사카가스의 투자계획 (9532 : 오사카가스)**

종가 : 433.7엔
고가 : 442.3엔
저가 : 432.4엔
시가 : 436.3엔
단순 이동평균선
75일선 : 441.6

당일 고가 442엔을 기록하면서 75일선 넘었지만 75일선의 값도 442엔이다 (소수점 절상)

75일 이동평균선의 값 '442엔+1엔=443 엔 이상이 되면 산다'고 자동감시주문

이는데 75일선의 주가도 443엔이다(소수점은 절상). 따라서 매수 주문은 75일선의 값 '**442엔 + 1엔 = 443엔 이상이 되면 매수한다**'고 자동감시주문을 낸다.

이것으로 끝이 아니라는 건 이미 알고 있을 것이다. 매수일 저녁에 설정할 손절매 가격을 정해야 한다. 75일선을 위로 돌파할 때 매수하므로 그와 반대로 매도 주문을 설정한다. 즉 75일선을 위에서 아래로 깨고 내려가는 가격이다. 내일 가격이 어떻게 될지 모르기 때문에 '**매수한 날의 75일선을 깨고 내려가는 가격**'이 정답이다.

지금까지 수고하셨다. 마지막 문제는 생각할 점이 많고 한 종목이 아니라 같은 타이밍에 와 있는 동일 업종의 타 종목들과 비교해 투자계획을 세운다는 점이 추가되어 만만치 않았을 것이다.

하지만 뒤집어 생각하면 이 정도 문제를 풀 수 있다면 투자자로서의 여러분의 수준은 예전과 완전히 달라질 것이다. 이 문제가 어려운 사람은 여러분 혼자가 아니다. 워크숍에 참여한 사람들이 같은 문제를 놓고 씨름하는 모습이 동영상에 담겨 있다. 이 동영상을 보면 투자하면서 고민하는 것은 나 혼자가 아니며 투자의 길을 함께 걸어갈 동료가 있다는 것을 실감할 수 있을 것이다.

특별 동영상 ⑦ 종목 선정 및 거래 계획 : 워크샵

(http://www.tbladvisory.com/book003)

17 기회를 주는 종목은 때로는 기다림이 필요하다

[한국의 경우는 부록에 보충 설명함]

① 종목 매수는 종목 순위를 참조. 여러 사이트를 이용해 효율을 높인다

종목 순위는 보물창고, 조건을 확실히 기억하는 것이 핵심

뉴스와 달리 정기적으로 매일 발표되는 주식 순위를 참조하면 새로운 종목을 매일 매수할 수도 있다. 주식 순위는 당일 움직임 중에서 **상승률, 하락률, 매매증가율** 등 여러 가지 방법으로 순위를 정해 정해진다. 이때 순위에 오른 모든 종목이 아니라 조건에 따라 필터링해야 한다.

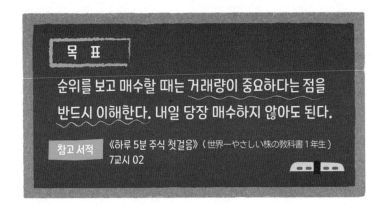

목 표

순위를 보고 매수할 때는 거래량이 중요하다는 점을 반드시 이해한다. 내일 당장 매수하지 않아도 된다.

참고 서적 《하루 5분 주식 첫걸음》(世界一やさしい株の教科書 1年生)
7교시 02

❶ 처음에는 도쿄증권거래소 1부의 종목에서 선별한다

❷ 거래량이 10만 주 이상인 탄탄한 종목

❸ 10엔 등 극단적인 가격의 종목 거래는 피한다

또 내일부터라도 당장 거래하고 싶다면 야후파이낸스(http://finance. yahoo.co.jp)의 '테크니컬 관련 랭킹'에서 여러 종목을 검색할 수 있다고 설명했다.

거래량이 표시되어야 제대로 선별할 수 있다

내일 당장 거래할 수 있는 종목을 바로 찾을 수 있다고 해서 큰 호평을 받은 사이트였지만 표시 항목에 문제가 있다는 논란이 일어났다. **'순위 필터링을 한 다음 거래량을 반드시 확인하라'**고 했는데 당시에는 거래량이 표시되지 않았다. 물론 거래량을 다른 사이트에서 확인하면 되지만 인간은 번거로움을 극도로 싫어하고 효율성을 따지는 존재다. 번거로우니 거래량도 일괄적으로 표시할 방법이 없냐는 질문이 속속 들어와서인지 거래량도 표시하는 화면으로 바뀌었다. 꼭 야후 파이낸스뿐 아니라 거래량도 함께 표시하고 다양한 측면에서 순위를 표시해주는 다른 편리한 사이트도 있으니 필요에 따라 참조하면 되겠다.

● 종목 선정의 기준과 내일부터 거래할 수 있는 종목을 찾는 법

❶ 순위로 필터링하여 종목을 선별하는 방법

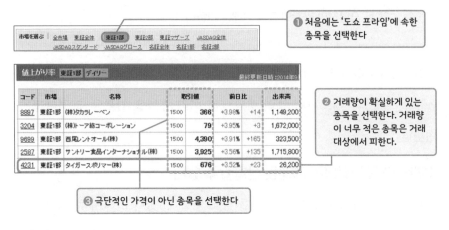

❶ 처음에는 '도쿄 프라임'에 속한 종목을 선택한다

❷ 거래량이 확실하게 있는 종목을 선택한다. 거래량이 너무 적은 종목은 거래 대상에서 피한다.

❸ 극단적인 가격이 아닌 종목을 선택한다

©Yahoo!ファイナンス

❷ 테크니컬관련 순위의 '저괴리율 (75일·마이너스)'에서 검색하여 내일부터 주식 거래

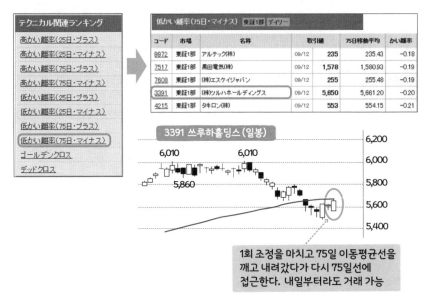

1회 조정을 마치고 75일 이동평균선을 깨고 내려갔다가 다시 75일선에 접근한다. 내일부터라도 거래 가능

©Yahoo!ファイナンス

다양한 측면에서 주식 순위와 거래량을 조합한다

굿이슈(http://www.miller.co.jp/) 라는 투자정보 제공 사이트가 있다. 개인투자자를 위한 주식 소프트웨어 제공사업과 투자 교육 사업을 하는 사이트로 소프트웨어뿐만 아니라 웹에서 제공하는 차트와 정보도 뛰어나 나도 종종 이용한다. 여기서는 기술적 지표부터 펀더멘탈 지표까지 여러 측면에서 순위를 검색할 수 있고 거래량이 천주 단위로 표시되기 때문에 꼼꼼히 확인할 수 있어 매우 편리하다.

❶ http://www.miller.co.jp/에서 주식 순위를 표시한다 (그림 1)

최대 4개 항목과 다양한 조건으로 검색할 수 있다. '표시 항목을 커스터마이즈'를 클릭하면 다른 창이 표시되어 표시할 조건의 종류를 설정할 수도 있다.

● 그림 1 **다양한 관점에 근거한 순위 정보 표시**
굿이슈 (http://www.miller.co.jp/)

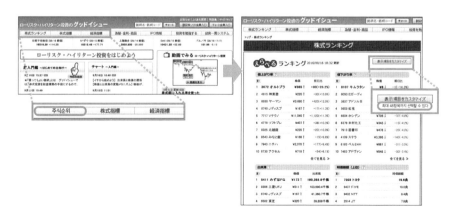

❷ '주식 순위'의 '표시 항목 맞춤형'을 선택한다 (그림 2)

초기값은 4항목이 모두 선택되어 있으므로 자신이 표시하고 싶은 종류만 남기고 체크를 제거한다. 또 오른쪽에서 표시 대상이 되는 거래소도 선택할 수 있으므로 원하는 거래소를 선택한다.

❸ 표시된 항목의 50위까지를 모두 표시한다 (그림 3)

여기서는 75일 이동평균선 관련 순위와 '도쿄증권 1부'만 표시하도록 설정한다. 설정 버튼을 클릭하여 다시 순위를 표시하면 선택한 종목의 순위만 표시되는 것을 알 수 있다. 각 순위에서 자세히 표시하고 싶은 항목을 선택하여 '모두 보기'를 클릭한다. 이 예에서는 '75일 이동평균선과 괴리율이 낮은 순위'를 클릭했다.

● 그림 2 순위 종류와 거래소 선택

● **그림 3** 기술적 지표에 따른 순위와 거래소 선택

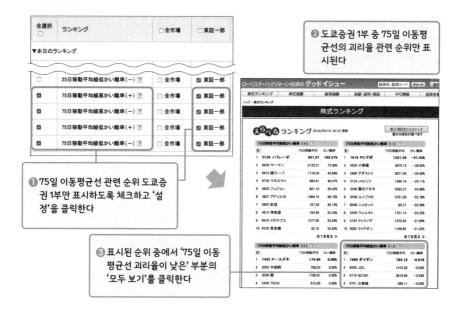

❷ 도쿄증권 1부 중 75일 이동평균선의 괴리율 관련 순위만 표시된다

❶ 75일 이동평균선 관련 순위 도쿄증권 1부만 표시하도록 체크하고 '설정'을 클릭한다

❸ 표시된 순위 중에서 '75일 이동평균선 괴리율이 낮은' 부분의 '모두 보기'를 클릭한다

● **그림 4** 75일 이동평균선 괴리율이 낮은 순으로 검색 결과

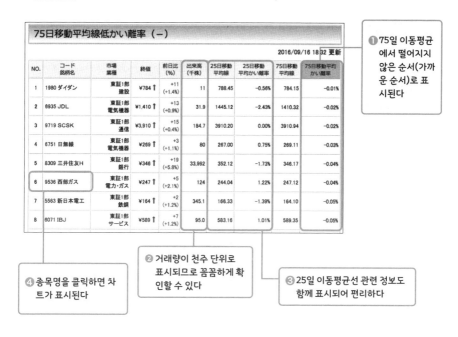

❶ 75일 이동평균에서 떨어지지 않은 순서(가까운 순서)로 표시된다

❹ 종목명을 클릭하면 차트가 표시된다

❷ 거래량이 천주 단위로 표시되므로 꼼꼼하게 확인할 수 있다

❸ 25일 이동평균선 관련 정보도 함께 표시되어 편리하다

❹ 표시된 검색 결과 중 거래량과 가격에 따라 필터링한다 (그림 4)

결과가 표시되면 75일 이동평균선에서 멀리 떨어지지 않은 순서(가까운 순서대로)대로 나열된 것을 확인할 수 있다. 표시 항목 중 '거래량'이 천주 단위로 표시되므로 이 안에서 필터링하여 체크할 수도 있다. 75일선 관련 정보뿐만 아니라 25일선 관련 정보도 함께 표시되므로 더욱 편리하다. 종목명을 클릭하면 바로 차트 화면으로 넘어간다.

문제 17-1

다음 쪽의 표와 차트는 '주식 순위'의 '75일 이동평균선과의 괴리율이 낮은 순'의 순위를 검색하여 그중 한 종목을 클릭한 것이다. 말 그대로 75일선에 거의 붙은 상태에서 종가가 그 아래에 위치한다.

이 표와 차트를 보고 주가 위치와 추세를 판단하여 해답란에 투자계획을 적어보자.

또 투자계획을 세우지 않는다면 그 이유도 써보자.

해답란

❶ 주가 위치에서 판단할 때, 현재는 주가 사이클의 어디에 해당하는가?

　　　상승(하락) (　　　) 국면

❷ 자동감시주문으로 매수 주문을 설정할 때의 가격은?

　　(　　　)엔 이상이 되면 매수한다

❸ 매매 대상으로 선택하지 않는다면 그 이유는 무엇인가?

● 내일부터 거래할 수 있는 종목 선정

NO.	コード 銘柄名	市場 業種	終値	前日比 (%)	出来高 (千株)	25日移動 平均線	25日移動 平均かい離率	75日移動 平均線	75日移動平均 かい離率
11	6744 能美防	東証1部 電気機器	¥1,436 ↑	+26 (+1.8%)	25.8	1472.57	-2.48%	1437.30	-0.08%
12	7260 富士機工	東証1部 輸送用機器	¥336 ↑	+9 (+2.8%)	19.9	326.17	3.02%	336.33	-0.09%
13	8012 長瀬産	東証1部 卸売業	¥1,164 ↓	−6 (−0.5%)	305.9	1156.93	0.62%	1165.10	-0.09%
14	3434 アルファC	東証1部 金属製品	¥941 ↓	−8 (−0.8%)	7.3	936.00	0.54%	941.95	-0.10%
15	3834 朝日ネット	東証1部 通信	¥437 ↓	−2 (−0.5%)	39.8	428.08	2.09%	437.45	-0.10%
16	9066 日新	東証1部 倉庫運輸関連	¥300 ↑	+11 (+3.8%)	80	288.80	3.88%	300.31	-0.10%
17	9475 昭文社	東証1部 通信	¥554 ↑	+4 (+0.7%)	10.9	546.68	1.34%	554.60	-0.10%
18	1720 東急建	東証1部 建設	¥985→	0 (0.0%)	235.4	1009.53	-2.42%	986.14	-0.11%
19	4506 大日本住友	東証1部 医薬品	¥1,789 ↑	+7 (+0.4%)	1,069.0	1758.81	1.72%	1791.19	-0.12%
20	6205 OKK	東証1部 機械	¥99→	0 (0.0%)	44	98.69	0.33%	99.13	-0.12%

9475 쇼분샤

2016년 9월 16일
시가 : 548엔
고가 : 555엔
저가 : 545엔
종가 : 554엔

단순 이동평균선

75일선 : 555
25일선 : 547

75일 이동평균선

25일 이동평균선

열심히 투자계획을 세웠지만 헛수고가 될 수도

지금까지 차트 보는 법을 연습하고 익숙해진 사람들이 볼 때 이 종목의 주가는 바로 '지금 매수하고 싶다!'라는 위치에 있다. 우선 지금까지의 흐름을 검증하면 3월부터 8월 중순의 저점까지 5개월 이상 내려왔고, 저점도 3회 이상 갱신하며 내려왔다. 또한 최근 들어 저점이 낮아지면서 75일선에 가까워졌다. 더 좋은 것은 며칠 전에 75선을 한 번 터치했다가 내렸다가 다시 올라갔다는 점이다. 이것은 목을 빼고 기다려야 볼 수 있는 상승 1국면의 매수 패턴이다.

지금 당장 5,000주의 매수 주문을 넣겠다. 이때 자동감시주문의 매수 주문가는 어떻게 될까?

75일선이 555이고 종가가 554엔이므로 556엔 +1엔=556엔 이상이 되면 매수한다고 설정한다. 지금까지 성실하게 따라온 사람에게는 정말 간단한

● 답 맞추기 **검색한 종목의 매매 계획 (9475 : 쇼분샤)**

일이다. 다음날 556엔이 되는 순간 눈이 휘둥그레질 만큼 크게 상승한다.

"오오, 어쩌면 난 천재일지도 몰라!"라고 마음속으로 우쭐해 하며, 그다음 날 수익 금액이 상당한 것을 보고 5,000주를 매도하는 수익 확정 주문을 낸다. 그런데 매도 주문이 한동안 체결되지 않거나 체결되어도 주가가 갑자기 폭락해 당황한다. "어떻게 된 거지?"

왜 이렇게 된 걸까? (사실은 내가 직접 경험한 일이다.)

매매 계획의 첫걸음은 거래량 확인

무슨 일이 일어났는지 이제 이해했는가? 주가 위치와 사이클 판단, 매수 주문 가격 결정을 하기 전에 '주식 선위' 결과표로 돌아가 보자. 이 종목의 주가는 550엔대이지만 거래량은 하루 1만 3,900주에 불과하다. 반면 도큐켄(1720)은 주가는 980엔대이며, 23만 5,400주가 거래되고 있다. 쇼분샤(9475)의 거래량이 상대적으로 얼마나 적은지 알 수 있다.

● **답 맞추기** 차트를 표시하고 분석하기 전에 확인해야 할 항목

NO.	コード 銘柄名	市場 業種	終値	前日比 (%)	出来高 (千株)	25日移動 平均線	25日移動 平均かい離率	75日移動 平均線	75日移動平均 かい離率
16	9066 日新	東証1部 倉庫運輸関連	¥300 ↑	+11 (+3.8%)	80	288.80	3.88%	300.31	-0.10%
17	9475 昭文社	東証1部 通信	¥554 ↑	+4 (+0.7%)	13.9	548.08	1.34%	554.60	-0.10%
18	1720 東急建	東証1部 建設	¥985→	0 (0.0%)	235.4	1009.53	-2.42%	986.14	-0.11%

가장 먼저 확인해야 할
항목은 '거래량'

판단 : 주가가 550엔대인데 하루 거래량이 13,900주로
너무 적다. 차트를 보고 쓸데없는 시간을 쓰기 전에 검토
대상에서 제외해야 한다

1만 4,000주가 전체 거래량인데 만약 여러분이 한꺼번에 5,000주를 매수한다면 하루 거래량의 3분의 1을 혼자 사는 셈이다. 만약 75일 이동평균선을 넘는 곳에서 '시장가'로 매수하도록 설정했다면 그 시점에서 나온 대부분의 물량을 혼자 사게 되므로 당연히 주가가 폭등한다. 그리고 팔 때도 사고 싶은 사람이 애초에 별로 없기 때문에 매도가 빨리 되지 않고 매도된다 해도 낮은 가격의 주문들이 모두 체결되면서 주가가 폭락한다.

지금은 남을 가르치는 입장에서 이렇게 아는 척을 하지만, 이것은 내가 초보자일 때 몸소 겪은 일이다. 결과는 이 예시보다 더 심하게 이틀 동안 매도가 안 되었고 사흘 만에 겨우 폭락한 가격에 처분할 수 있었다.

아무리 거래 계획을 열심히 세워도 소외된 종목이라면 시간과 노력의 낭비일 뿐이다. 분석 전 거래량을 꼭 확인하자.

문제17-2

다음의 표와 차트는 '75일 이동평균선과의 괴리가 낮은 순'을 검색하고 그 중 한 종목을 클릭한 결과다. **문제 17-1** 과 마찬가지로 종가가 75일선에 거의 달라붙은 상태로 75일선 아래에 있음을 알 수 있다.

해답란

❶ 주가 위치로 판단할 때 현재는 주가 사이클의 어디에 해당할까?
상승(하락)( ) 국면

❷ 자동감시주문으로 매수 주문을 설정할 때의 가격은?
( )엔 이상이 되면 사다

❸ 매매 대상이 될 수 있는 이유는 무엇일까?

이 표와 차트에서 주가의 위치와 매매 방식을 판단
하여 해답란에 투자계획을 적어보자. 또한 투자계획을
세울 수 있다면 그 근거가 무엇인지도 적어보자.

● 내일부터 거래 가능한 종목 선정

NO.	코-드 銘柄名	市場 業種	終値	前日比 (%)	出来高 (千株)	25日移動 平均線	25日移動 平均かい離率	75日移動 平均線	75日移動平均 かい離率
5	8309 三井住友H	東証1部 銀行	¥346 ↑	+19 (+5.8%)	33,992	352.12	-1.73%	346.17	-0.04%
6	9536 西部ガス	東証1部 電力・ガス	¥247 ↑	+5 (+2.1%)	124	244.04	1.22%	247.12	-0.04%
7	5563 新日本電工	東証1部 鉄鋼	¥164 ↑	+2 (+1.2%)	345.1	166.33	-1.39%	164.10	-0.05%

75일 이동평균선과의 괴리가 낮은 순서

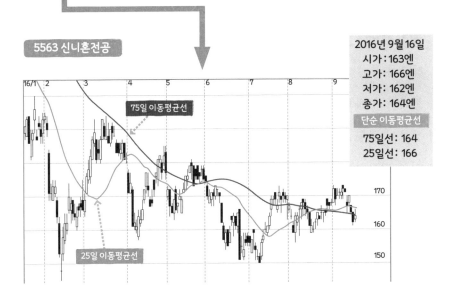

5563 신니혼전공

2016년 9월 16일
시가 : 163엔
고가 : 166엔
저가 : 162엔
종가 : 164엔
단순 이동평균선
75일선 : 164
25일선 : 166

75일 이동평균선

25일 이동평균선

계획 순서를 지키면서 효율적으로 종목을 매수한다

문제 17-1 의 교훈을 살려서 이번에는 제대로 순서를 지켜서 검토했나요? "이런 문제는 함정이잖아!"라고 화를 내기 전에 어떤 의도로 이런 문제를 냈는지 생각해보자. 한 번 체크가 누락된 것을 경험해 보지 않으면 그 중요성을 깨닫는 기가 상당히 어렵다. 머리로만 아는 것과 몸으로 직접 경험해서 체득하는 것은 전혀 다른 문제다.

그럼 순서대로 트레이드 계획까지 세워보자.

Ⓐ 거래량이 적은 종목은 분석 대상에서 제외하고 충분한 종목을 체크한다

50위까지 표시된 모든 종목을 확인하려면 시간과 노력이 너무 많이 든다. 게다가 그 노력의 절반 이상은 '헛수고'로 끝난다. 눈으로 볼 때 **거래량이 10만 주 이하인 종목은 먼저 빼자.** 문제에 나온 종목의 거래량을 체크하면 34만 주가 넘으니 거래하기에 충분한 거래량이다.

Ⓑ 장기 추세를 분석하여 매매 대상이 되는지 확인한다

검토 대상이 된 종목만 대상으로 분석한다. 이것도 갑자기 '얼마에 살까?'를 생각하는 게 아니라 지난 1년간의 흐름과 현재 주가의 위치를 파악한다. 이 종목의 경우 2월부터 7월 중순 저점까지 5개월 이상 하락했고, 저점도 3회 이상 전고점보다 낮아졌다. 또 최근 들어 저점을 높여가고 있으며 75일선이 아래를 향하고 있는 상태에서 2회 정도 작은 파동을 그리며 넘어섰다.

가장 최근에 보면 며칠 전에 75일선을 한 번 넘었고 파동이 커졌다가 다시 하락하면서 75일선에 접근하는 중이다.

● 답 맞추기 종목 선정부터 매매 계획까지의 프로세스

Ⓐ 거래량이 적은 종목은 분석에서 제외하고 충분한 종목을 확인한다

						75日移動			75日移動平均
NO.	コード 銘柄名	市場 業種	終値	前日比 (%)	出来高 (千株)	25日移動 平均線	25日移動 平均かい離率	75日移動 平均線	かい離率
5	8309 三井住友H	東証1部 銀行	¥346 ↑	+19 (+5.8%)	33,992	352.12	−1.73%	346.17	−0.04%
6	9536 西部ガス	東証1部 電力・ガス	¥247 ↑	+5 (+2.1%)	124	244.04	1.22%	247.12	−0.04%
7	5563 新日本電工	東証1部 鉄鋼	¥164 ↑	+2 (+1.2%)	345.1	166.33	−1.39%	164.10	−0.05%

75일 이동평균선과의 괴리율이 낮은 것 (−)

> 거래량을 확인하면 34만 주 이상이므로 거래하기에 충분하다

Ⓑ 장기 추세를 분석하여 매매 대상으로 할 수 있음을 확인하다

5563 신니혼정공

2016년 9월 16일
시가: 163엔
고가: 166엔
저가: 162엔
종가: 164엔

단순이동평균선
75일선: 164
25일선: 166

❶ 하락 기간이 5개월 이상

75일 이동평균선

25일 이동평균선

❸ 저점을 높여가면서 75일 이동평균선에 가까워진다

※ 1회 저점을 높였지만 첫 번째 저점을 기준을 생각하면 아직 저점을 높이지 못했다고 봐야 한다

❷ 저점 하락이 3회 이상

거래량으로도 주가 위치상으로도 거의 완벽한 상태라고 할 수 있다.

매매 계획은 마지막, 이것이 군더더기 없는 프로 트레이드 순서

ⓒ 당일 가격 정보를 바탕으로 매매 계획을 세운다

여기까지 오면 나머지는 이론대로 매매 계획을 세우기만 하면 된다. 75일 이동평균선을 3번 정도 넘어섰고 저점도 3번쯤 높여갔으므로 추세가 발생할 가능성이 충분한 상황이다. 같은 날 종가와 75일선의 값을 확인하면 종가 : 164엔, 75일선 : 164엔으로 같다. '164엔 + 1엔 =165엔 이상이 되면 매수한다'라고 자동감시주문을 설정하는 것이 매수 주문의 정석이다. 이제 매매 계획까지 세웠으니 다 끝났다.

잠깐만 기다리시라. 정말 끝났는가? 뭔가 잊어버린 건 없는가? 가장 중요한 것이 빠졌다.

그렇다. 매수 계획을 세웠다면 곧바로 매도 계획, 즉 손절매를 설정해야 한다. '매수와 매도 시점이 동시에 보이는' 경우가 아니라면 그 거래는 해서는 안 된다.

이 경우, 내일 75일 이동평균신을 님는 시점에 매수하기 때문에 내일 형성되는 '75일선 가격-1엔 이하'가 되는 곳에서 매도하도록 설정한다.

이로써 효율적으로 종목을 매수하고 거래 계획을 세우기까지의 일련의 과정을 막힘없이 할 수 있게 되었다. 이 과정을 동영상으로 정리했으니 참고하도록 하자.

특별 동영상 ⑧ 종목 매수부터 거래 계획까지

(http://www.tbladvisory.com/book003)

● **답 맞추기** 선정된 종목의 매매 계획

◎ **당일 가격 정보를 바탕으로 매매 계획을 세운다**

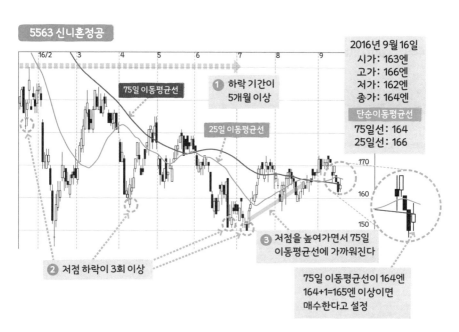

5563 신니혼정공

2016년 9월 16일
시가: 163엔
고가: 166엔
저가: 162엔
종가: 164엔

단순이동평균선
75일선: 164
25일선: 166

75일 이동평균선

❶ 하락 기간이 5개월 이상

25일 이동평균선

❷ 저점 하락이 3회 이상

❸ 저점을 높여가면서 75일 이동평균선에 가까워진다

75일 이동평균선이 164엔 164+1=165엔 이상이면 매수한다고 설정

❷ 그 밖의 유용한 종목 검색 사이트

　여기에 소개한 기술 관련 순위 외에도 내가 가끔 사용하는 유용한 종목 순위 사이트가 있다. 기술적 분석뿐 아니라 펀더멘탈 관련 순위도 다양한 측면에서 검색할 수 있다는 것이 특징이다. 또한 공매도 관점에서 사용할 수 있는 검색 순위도 있으므로 매수와 매도 양쪽을 다루고 싶은 사람에게도 추천한다.

❶ 고평가 되어 있는 종목을 고르고 싶다면

> 주식맵(株マップ.com)

　장세가 과열 양상으로 천장을 맞이하고 있을 때 이용하는 사이트다.

　이 책에서는 주가가 저평가되고 75일선에 가까운 종목을 중심으로 매수하는 방법을 다루었지만, 일부러 주가 위치나 펀더멘탈적으로 '고평가인 종목'을 찾을 때도 있다. 그럴 때는 주식맵(株マップ.com)이라는 사이트를 이

● **주식맵.com (http://jp.kabumap.com/)**

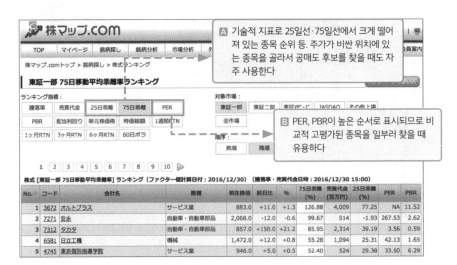

용한다.

② 이런 건 없나? 라고 생각할 때는 주식탐험

이름 그대로 주식을 찾는 데 유용한 사이트다. '혹시 이런 순위를 알 순 없을까?'라고 생각할 때 매우 높은 확률로 찾을 수 있었던 사이트였다.

펀더멘탈도 3개월 단위로 주목, 최고이익 경신 등 독특한 관점으로 리스 트업할 수 있으므로 상상력이 풍부한 투자자들에게 안성맞춤이다.

● 가부탄(https://kabutan.jp/)

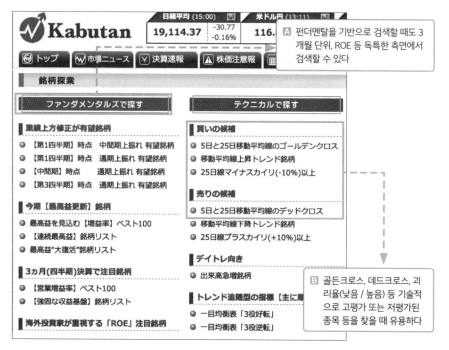

©有望株発掘サイト「株探(かぶたん)」

나가며

많은 책을 쓴 것은 아니지만 새로운 책이 세상에 나올 때마다 두 가지 마음이 교차한다. 드디어 끝났다는 안도감과 이 책이 독자들에게 어떻게 받아들여질 것인가 하는 불안함이다.

상반된 두 감정을 느끼면서 책을 세상에 내보내기란 자식이 자립하는 모습을 지켜보는 부모의 마음과 같지 않을까? 다행히 여태까지 낸 책들은 서점에서 곧바로 사라지지 않고 중판을 거듭하며 세상에 퍼지고 있다. '왜 외국인이 일본 주식 얘기를 할 필요가 있느냐'는 의구심이 '선생님의 책이니까 믿고 산다'는 신뢰로 바뀌게 된 것은 공정하게 평가해 준 독자 여러분 덕분이다.

전작을 내고 나서 계속 요청받았던 '실제 차트를 보면서 연습하고 싶다' '내용이 탄탄한 책을 원한다'는 요구에 이제야 부응할 수 있게 되었다.

언제나 그랬듯이 외로운 개인투자자들을 지원할 수 있는 강력한 연습장이 생겼다!

'차린 건 없지만 많이 드세요'라는 상투적이고 입에 발린 겸손은 떨지 않겠다. 여러분을 생각하며 최선을 다해 쓴 책을 여러분에게 바친다. 나머지는 이 무기를 사용하는 여러분에게 달려 있다.

이 책도 여러 사람의 도움을 받아 탄생할 수 있었다.

이번에도 큰 관심과 조언을 아끼지 않은 소텍 후쿠다 기요미네 편집부장님께 감사의 말씀을 드린다.

첫 작품이 나올 때는 아직 기저귀도 못 뗐었는데 어느새 초등학생이 된 아들, 남자친구를 데리고 거실에 나타나 아빠를 슬프게 했던 딸, 내면의 힘으로 원숭이처럼 이리 뛰고 저리 뛰는 남편을 지지해주는 아내에게 우주 최강의 사랑을 보낸다.

우리 회사의 든든한 후원자이자 중요한 비즈니스 파트너인 오다 아키히로, 이시이 가오리, 도야마 유미코에게도 늘 감사하다는 인사의 말을 전하고 싶다. 오키나와에서 말레이시아에 있는 나를 태양의 미소로 응원해주는 아라사토 데쓰야 씨에게도 감사드린다.

전자책이라는 뛰어난 매체로 언제 어디서나 만날 수 있게 된 전 세계 독자 여러분, 홋카이도를 비롯해 도쿄, 오키나와까지 확장된 TBL 투자 아카데미의 멋진 동료들에게도 감사드린다. 항상 말하고 있듯이 여러분의 지지가 없었다는 지금의 나는 없을 것이다.

그 밖에 한 분 한 분 이름을 올려야 하는데, 지금까지의 여정에 동반해주신 모든 분에게 감사드린다. 내가 나타나기 전보다 세상을 더 나은 방향으로 움직일 수 있는 무언가를 가지고 다시 돌아오겠다.

다시 한번 감사의 말씀을 전한다.

정주업(J. Jung)

부록

한국과 내용이 다른 점을 부록에 보충하여 설명했다.

1교시

04 주식 매매에도 기술이 필요하다. 주문 설정 방법을 마스터한다

개인투자자들이 즐겨 이용하는 키움증권의 HTS를 예로 든 자동감시주문이다.

자동감시주문 – 매수

① HTS에 로그인해서 차트를 표시한 뒤

② 주식주문: 기간 자동감시주문 - 주식 자동감시주문의 순서로 실행한다

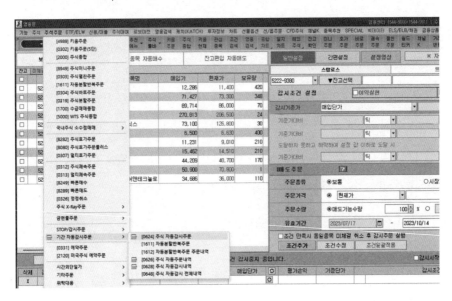

③ '신규종목 자동매수'를 실행한다

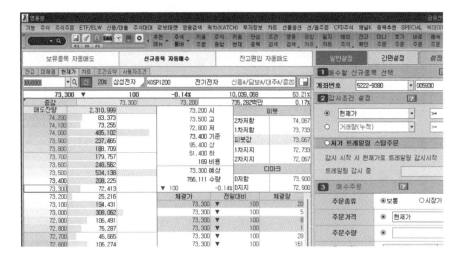

④ 매수 주문 조건을 입력한다

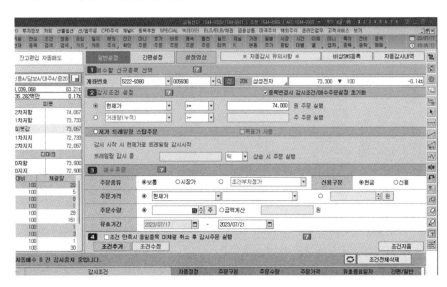

예) 삼성전자의 주가가 '74,000원 이상이 되면'이라는 감시조건을 설정한다

유효기간 : 최대 3개월까지 유효기간을 설정할 수 있다. 여기서는 일주일 정도로 설정했다. 2025년 7월 21일이 지나도 실행되지 않을 경우에는 자동으로 소멸된다.

⑤ 조건추가를 눌러서 감시주문을 추가한다.

조건이 추가되면 하단의 조건 리스트에 추가된다.

주문하기 전에 반드시 '조건 리스트' 화면에서 내용이 맞는지 살펴보고

주문을 실행한다.

자동감시주문 – 매도

① HTS에 로그인해서 차트를 표시한 뒤

② 주식주문: 기간 자동감시주문 - 주식 자동감시주문의 순서로 실행한다

여기까지는 매수 주문과 같다.

③ 자동감시주문창에서 '보유종목 자동매도'를 선택하고 손절매를 설정

하기 때문에 '스탑로스'를 클릭한다.

갖고 있는 주식을 매도하는 것이므로 '잔고선택'을 누르면 보유종목들

이 표시된다.

④ 매도 주문을 설정한다

예시) 보유 종목 중 삼성전자가 '69,400원 이하'가 되면 보유 수량 전부를 시장가로 매도
한다.

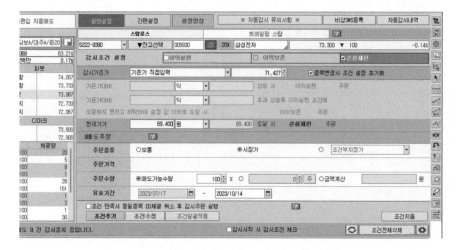

(1) 감시조건 중 손절매의 경우는 '손실제한'을 선택한다.

(2) '기준가 직접입력'을 선택하고 손절매 가격을 입력한다.

현재가가 '○○○원'으로 바꾸고 69,400을 직접 입력하거나 또는 기준가
대비 20틱을 선택하면 기준가에서 20틱을 뺀 69,400원이 자동으로 입력된
다.

(3) 조건가격에 도달하면 '시장가'로 매도하도록 설정한다.

(4) 주문수량 - 매도가능수량에서 '100'%라고 입력한다.

(5) 유효기간은 최장 3개월까지 설정할 수 있다.

⑤ 조건추가를 누르면 '감시시작 알림'창이 뜬다. 여기서 '확인'을 누른다

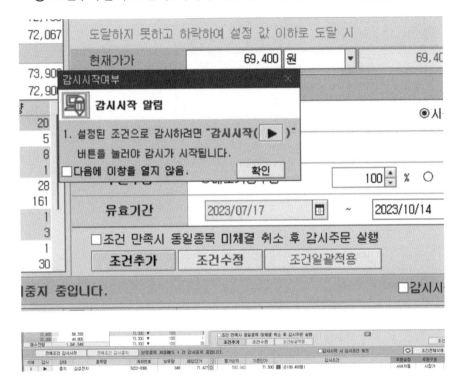

조건이 추가되면 하단의 조건 리스트에 추가된다.

●HTS뿐 아니라 모바일로도 자동감시주문을 설정할 수 있다.

17 기회를 주는 종목은 때로는 기다림이 필요하다

여기서는 한국에서 많이 쓰이는 〈네이버 증권〉과 키움증권의 〈영웅문〉을 예로 들어 설명하겠다.

네이버 증권을 이용해 종목을 찾는 법

국내증시

| 주요시세정보

코스피 | 코스닥 | 선물
코스피200 | 코넥스

시가총액 | 배당
업종 | 테마 | 그룹사
ETF | ETN

상승 | 보합 | 하락
상한가 | 하한가
급등 | 급락

거래상위 | 급증 | 급감

투자자별매매동향
외국인매매 | 기관매매
프로그램매매동향
증시자금동향

신규상장
외국인보유
장외시세
IPO

| 투자자보호
관리종목
거래정지종목
시장경보종목

| 조건검색
골든크로스 | 갭상승
이격도과열 | 투심과열
상대강도과열

| 기업 전자공시

| 공매도 거래 현황

① 네이버 포털에서 네이버증권을 검색한다.

② 국내증시를 누르면 왼쪽에 주요 시세별 종목들을 검색할 수 있는 메뉴가 있다. 시가총액, 배당률, 업종, 테마 등 종목들을 분류해서 볼 수 있고, 거래량 상위별이나 상승과 하락률 상위 종목 등을 볼 수도 있다.

●배당금 순서대로 보기

국내증시 - 배당을 클릭하고 〈코스피〉를 클릭하면 코스피에 등록된 종목들이 나온다. 오른쪽에 과거 3년의 배당금이 나와 있으므로 3년 배당률을 보면서 꾸준히 주는 회사인지 살펴보는 것이 좋다.

●거래량 상위

국내증시 - '거래상위'를 누르면 당일 기준으로 거래량이 높은 순서대로 100개의 종목을 볼 수 있다.

● 조건검색 - 골든크로스, 갭상승, 이격도과열, 투심과열, 상대강도과열

예) 골든크로스한 종목 검색 화면

국내증시

I 주요시세정보
코스피 | 코스닥 | 선물
코스피200 | 코넥스
시가총액 | 배당
업종 | 테마 | 그룹사
ETF | ETN
상승 | 보합 | 하락
상한가 | 하한가
급등 | 급락
거래상위 | 급증 | 급감
투자자별매매동향
외국인매매 | 기관매매
프로그램매매동향
증시자금동향
신규상장
외국인보유
장외시세
IPO

I 투자자보호
관리종목
거래정지종목
시장경보종목

I 조건검색
골든크로스 | 갭상승
이격도과열 | 투심과열
상대강도과열

I 기업 전자공시

증권홈 > 국내증시 > 골든크로스 종목

I 골든크로스 종목

항목을 자유롭게 변경하실 수 있습니다. | 최대 7개까지 설정 가능합니다.

- [x] 거래량
- [x] 시가
- [x] 고가
- [x] 저가
- [ ] 매수호가
- [ ] 매도호가
- [ ] 매수총잔량
- [ ] 매도총잔량
- [ ] 거래대금(백만)
- [ ] 전일거래량
- [ ] 외국인비율
- [ ] 상장주식수(천주)
- [x] 시가총액(억)
- [ ] 자산총계(억)
- [ ] 부채총계(억)
- [ ] 매출액(억)
- [ ] 매출액증가율
- [ ] 영업이익(억)
- [ ] 영업이익증가율
- [ ] 당기순이익(억)
- [ ] 주당순이익(원)
- [ ] 보통주배당금(원)
- [x] PER(배)
- [x] ROE(%)
- [ ] ROA(%)
- [ ] PBR(배)
- [ ] 유보율(%)

적용하기 | 초기 항목으로

단기(20일) 이동평균선이 장기(60일) 이동평균선을 돌파하는 경우의 종목입니다.

N	종목명	현재가	전일비	등락률	거래량	시가	고가	저가	시가총액	PER	ROE
1	큐라클	14,020	▲ 2,070	+17.32%	3,362,343	12,390	14,820	11,620	1,943	-16.53	-22.54
2	경동	11,800	▲ 1,730	+17.18%	5,807,687	10,400	12,530	10,350	2,304	8.36	12.08
3	삼성에스디에스	133,600	▲ 11,100	+9.06%	605,624	121,800	134,700	121,700	103,377	9.36	14.23
4	우리넷	8,580	▲ 280	+3.37%	168,183	8,300	8,620	8,280	923	-12.08	-16.13
5	아이엘사이언스	4,115	▲ 90	+2.24%	1,130,061	4,050	4,500	4,005	1,048	28.98	16.37
6	센코	3,445	▲ 45	+1.32%	371,558	3,460	3,545	3,335	1,137	90.66	2.33
7	미래산업	31,550	▲ 300	+0.96%	419,851	31,250	32,350	30,200	1,444	39.29	9.02
8	지어소프트	7,670	▲ 70	+0.92%	258,895	7,630	7,800	7,570	1,187	-187.07	-2.57
9	동성제약	5,900	▲ 50	+0.85%	19,408	5,850	5,920	5,830	1,540	1,966.67	-4.75
10	아모센스	15,310	▲ 120	+0.79%	55,861	15,200	15,480	14,950	1,715	-38.27	-2.53
11	서부T&D	8,020	▲ 40	+0.50%	155,910	7,840	8,070	7,840	4,937	27.28	2.48
12	코닉오토메이션	3,560	▲ 10	+0.28%	172,669	3,550	3,585	3,455	1,478	-25.61	-40.28
13	하나 레버리지 구리 선물 ETN(H)	14,515	0	0.00%	0	14,515	14,515	14,515	145	N/A	N/A
14	메리츠 레버리지 구리 선물 ETN(H)	14,600	0	0.00%	0	14,600	14,600	14,600	146	N/A	N/A
15	쌍방울	269	0	0.00%	0	0	0	0	706	-0.80	-52.32

키움증권 영웅문으로 종목 찾기

●단기 유망주를 찾을 수 있는 '종목발굴'

●주식 - 종목검색 - 종목발굴 순서로 실행한다

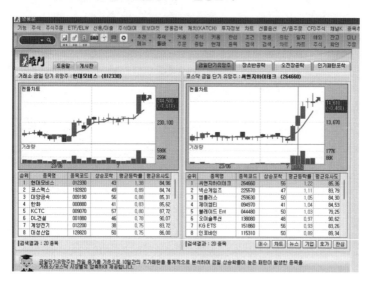

전일 종가를 기준으로 10일간의 주가 패턴을 분석해 금일 상승확률이 높은 패턴이 발생한 종목을 제공한다.

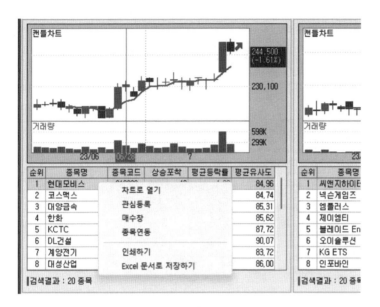

관심이 가는 종목명을 클릭하면 차트를 직접 볼 수 있고 관심종목에 담

아둘 수도 있다.

●인기패턴으로 종목을 발굴한다

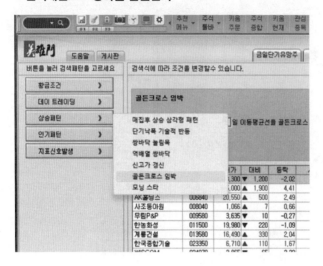

　종목발굴에서 '인기패턴포착' 탭을 클릭하면 여러 가지 카테고리가 보인다. 예를 들어 '인기패턴' 중 '골든크로스 임박'을 선택해 '20일 이동평균선이 60일 이동평균선을 골든크로스하기 직전'이라는 조건으로 검색한다. '5일 이동평균선'과 '20일 이동평균선'으로 조건을 바꾸어 검색할 수도 있다.

　관심이 가는 종목명을 클릭하고 '차트'를 누르면 개별 차트를 볼 수 있다.

골든크로스 임박

[20 ▼]일 이동평균선이 [60 ▼]일 이동평균선을 골든크로스 하기 직전

종목명	코 드	현재가	대비		등락	시가	고가	저가	거래량
유한양행	000100	58,300	▼	1,200	-2.02	59,500	59,600	58,100	142,862
삼화콘덴서	001820	45,000	▲	1,900	4.41	43,350	45,900	43,000	123,046
AK홀딩스	006840	20,550	▲	500	2.49	20,050	20,900	19,850	32,578
사조동아원	008040	1,066	▲	7	0.66	1,061	1,067	1,044	506,666
무림P&P	009580	3,635	▼	10	-0.27	3,635	3,660	3,610	62,290
한농화성	011500	19,980	▼	220	-1.09	20,200	20,450	19,760	379,832
계룡건설	013580	16,490	▲	330	2.04	16,450	16,670	16,200	82,675
한국종합기술	023350	6,710	▲	110	1.67	6,630	6,750	6,620	58,485
WISCOM	024070	2,865	▼	65	-2.22	2,935	2,970	2,830	16,085
한국단자	025540	61,800		0	0.00	61,700	62,400	61,100	12,636
케이씨	029460	19,890	▲	190	0.96	19,760	20,150	19,540	32,020

검색결과 : 68 종목　　　　　　　　　　[매수] [차트] [뉴스] [기업] [호가] [관심]

●배당주 검색

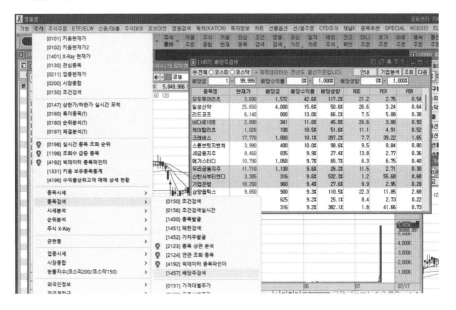

주식 - 종목검색 - 배당주 검색을 클릭하면 배당성향이 높은 순으로 종
목을 볼 수 있다.

세상에서 가장 쉬운
주식투자 실전

하루 5분 이내에 거래를 끝내는 투자법

1판 1쇄 발행 2024년 2월 20일

지은이 정주업(J.Jung)
옮긴이 오시연
발행인 최봉규

발행처 지상사(청홍)
등록번호 제2017-000075호
등록일자 2002. 8. 23.
주소 서울특별시 용산구 효창원로64길 6 일진빌딩 2층
우편번호 04317
전화번호 02)3453-6111, 팩시밀리 02)3452-1440
홈페이지 www.jisangsa.com
이메일 c0583@naver.com

ISBN 978-89-6502-326-5 03320